개정판

외우기 쉬운 헬라어 단어

– 연상결합법을 이용한 단어암기 –

개정판

외우기 쉬운 헬라어 단어

– 연상결합법을 이용한 단어암기 –

초판 1쇄 인쇄 2021년 8월 15일
초판 1쇄 발행 2021년 8월 20일

지은이 김병국
펴낸이 장대윤

펴낸곳 도서출판 대서
등록 제22-2411호
주소 서울시 서초구 방배동 981-56
전화 02-583-0612 / 팩스 02-583-0543
메일 daiseo1216@hanmail.net

디자인 참디자인

ISBN 979-11-86595-68-8 (03230)

＊ 책 값은 뒤표지에 있습니다.
＊ 잘못된 책은 교환하여 드립니다.

α β χ

τ θ

개정판

외우기 쉬운 헬라어 단어

연상결합법을 이용한 단어암기

김병국 지음

λ ω π

ψ φ σ

도서 출판 **대서**

개정판 인사말

'외우기 쉬운 헬라어 단어'는 1992년 2월에 처음 출판되었습니다. 헬라어 단어를 쉽게 외우기 위해 단어장 귀퉁이에 적어 둔 것들이 있었는데, 어느 순간 이것을 책으로 만들면 다른 분들에게도 도움이 될 수 있을 것 같다는 생각이 들었습니다. 그래서 제가 직접 그림들을 그리고 헬라어 폰트를 도안해서 책을 내놓았었습니다. 처음에는 이런 책이 팔릴까 싶었는데 30년 가까이 꾸준히 사랑을 받아 이제 개정판을 내놓게 되었습니다. 폰트도 깔끔한 것으로 바꾸었고 연상결합 내용도 시대에 맞게 바꾸었습니다. 이 개정판도 하나님의 말씀을 사랑하는 많은 분들에게 도움이 될 수 있기를 바랍니다.

2021년 5월에 김병국

차례

도움말

1. 〈단어의 수〉 이 책에 실린 단어들은 헬라어 성경에서 10번 이상 등장하는 것들입니다. 전치사가 30개, 그 외의 단어가 1,100여 개입니다.

2. 〈명사의 성〉 헬라어 명사에는 성이 있습니다(남성, 여성, 중성). 그런데 대부분의 경우에는 단어의 끝부분을 보면 성을 알 수 있습니다. 대개의 경우 -ος 혹은 -της 로 끝나는 것은 남성이고, -α 혹은 -η 로 끝나는 것은 여성이며, -ον 으로 끝나는 것은 중성입니다. 이런 단어들의 경우에는 성을 따로 표기하지 않았습니다. 불규칙한 경우에만 관사를 표시하여 성을 알 수 있도록 했습니다.

3. 〈단어의 발음〉 성경 헬라어는 2천 년 전에 사용되던 것이기 때문에 지금 정확한 발음을 알 수 없습니다. 그래서 각 나라의 음운구조에 따라 비교적 자유롭게 발음할 수 있다고 합니다. 이 책에서는 발음의 차이가 생길 수 있는 철자들의 표기를 다음과 같이 통일시키기로 하겠습니다. ϵ(에), η(애), ϵυ(유), ου(우), υ(위), θ(쓰). 그리고 σ(ς)는 경우에 따라 「쓰」 혹은 「ㅅ」로 발음하기로 합니다.

4. 〈난이도 배열〉 절대적인 것은 아니지만 대개 앞쪽에 소개된 단어일수록 신약성경에 등장하는 빈도수가 높은 편입니다. 편집을 하면서

유사한 단어들은 함께 외우도록 배열했기 때문에 신약성경에 등장하는 빈도수는 적지만 앞쪽에 배열된 경우도 가끔 있습니다.

5. 〈단어들의 묶음〉 단어들이 【10】과 같은 표식으로 십여 개씩 묶여져 있는데 이것은 암기의 편의를 위한 것으로 별다른 의미는 없습니다.

제1부
전치사

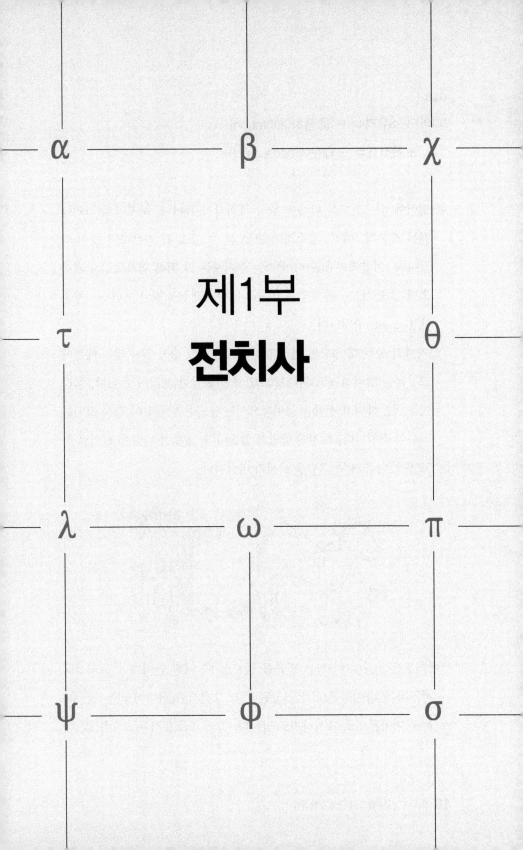

διά

(디아) + 소유격 = ··· 을 통하여(through)

+ 목적격 = ··· 때문에(because of)

☞ 영어에서는 전치사 다음에 항상 목적격이 옵니다. 하지만 헬라어에서는 소유격, 여격, 목적격이 모두 올 수 있고 각 경우마다 뜻이 다릅니다. 이를테면 διά(디아)라는 전치사는 그 뒤에 명사의 소유격이 오면 그 뜻이 '··· 을 통하여'(through)이지만 목적격이 오면 '··· 때문에'(because of)입니다.

전치사가 한두 개 정도면 어떻게 해보겠는데 그 수가 워낙 많기 때문에 그것들을 암기하려고 쳐다보고 있자면 난감한 생각이 듭니다. 헬라어를 공부하려고 첫발을 들여놓으시는 분들은 한결같이 같은 고민을 느끼실 것입니다. 하지만 방법이 있습니다. 설명은 나중에 하기로 하고 우선 다음의 두 그림을 보시기 바랍니다.

여러분은 διά(디아)라는 발음을 들으실 때 어떤 단어가 연상되십니까? 저는 '다이아몬드'가 연상됩니다. 그래서 διά(디아)라는 전치사는 다이아몬드로 표시하기로 합니다. 그리고 소유격은 '소'[牛]로, 여

격은 '여성'으로, 목적격은 '나무'[木]로 표시하기로 합니다. 추상적인 것을 구체적인 것으로 바꾸는 것입니다. 우선 앞의 그림을 보십시오. 하늘에서 다이아몬드가 떨어져서 소를 관통하고(through) 지나갔습니다. 소가 얼마나 아프겠습니까? 이제 διά(디아)와 '소유격'하면 어떤 그림이 마음속에 떠오르십니까? 애써 기억하시려 하지 않아도 벌써 '디아 + 소유격 = … 을 통하여'가 외워졌을 것입니다.

이제 두 번째 그림을 보십시오. 어떤 나무가 몹시 고통스러운 듯이 눈물을 흘리며 울고 있습니다. 그래서 왜 그렇게 우느냐고 물었더니 '나무에 박혀 있는 다이아몬드 때문'이라고 말합니다. 자, '다이아몬드 + 나무'는 뭐라고요? 예 , '… 때문에'입니다. 이제 같은 방식으로 다른 전치사들도 살펴보도록 하겠습니다.

ἀπό

(아포) + 소유격 = … 에게서, … 으로부터

☞ 「아포」는 아폴로 우주선입니다. 아폴로 우주선이 소들이 풀을 뜯고 있는 목장「으로부터」 발사됩니다.

εἰς

(에이스) + 목적격 = … 안으로

☞ 「에이스」하면 무엇이 떠오르십니까? 저는 야구 경기의 '에이스' 투수가 떠오릅니다. 여러분이 좋아하시는 선수를 떠올리시기 바랍니다. 그 선수가 사모님과 함께 공원에 산책을 나갔는데 옆의 커다란 나무에 구멍이 뚫려 있는 것을 보자 갑자기 그 「안으로」 뛰어들어갔습니다. 사모님이 얼마나 놀랐을까요? 「에이스(투수) + 목적격(나무)」은 뭐라고요? 예, 「 … 안으로」입니다.

ἔκ

(에크) + 소유격 = … 밖으로(모음 앞에서는 ἔξ)

☞ 「에크」는 액자입니다. 소가 액자를 잘못 삼켰나 봅니다. 침을 질질 흘리며 「액자」를 입 「밖으로」 토해내고 있군요. 약간 지저분하긴 하지만 원래 기억은 좀 지저분하거나 끔찍스럽거나 해야 오래 가는 법입니다.

έν

(엔) + 여격 = … 안에

☞ 「엔」은 「빨간 머리 앤」입니다. 그런데 앤은 아직 태어나지 않았습니다. 그래서 어머니(여성, 여격)의 태 「안에」 있습니다.

μετά

(메타) + 소유격 = 함께

　　 + 목적격 = 후에

☞ 「메타」는 「메탄가스」가 들어 있는 「가스통」입니다. 시골길에서 소를 마땅히 묶어 둘 곳이 없기 때문에 묵직한 가스통에 묶어 두었습니다. 그러면 소가 무엇과 「함께」 있습니까?

☞ 두 번째 그림을 봅시다. 장작과 가스통을 화물차로 실어 날라야 하는데 함께 실어 나를 수가 없습니다. 왜냐하면 만약 함께 실어 나르다가 가스가 새면 나무에 불이 붙을 염려가 있기 때문입니다. 그렇기 때문에 가스통은 먼저 나무를 실어 나른 「후에」 따로 운반해야 합니다. 자, 「메타(가스통) + 소유격(소)」은? 또 「메타(가스통) + 목적격(장작)」은? 기억하셨지요? 넘어갑니다.

πρός

(프로스) + 목적격 = … 에게, … 에게로

☞ 「프로스」는 프로 레슬링 선수입니다. 레슬링 선수들은 어깨를 단단하게 단련시키기 위해 나무기둥에 새끼를 감아놓고 그것을 향해 돌진해 가서는 쾅쾅 부딪는 연습을 합니다. 자 프로 레슬러가 무엇에게로 간다고요? 나무에게롭니다.

ὑπό

(휘포) + 소유격 = ⋯ 로 말미암아

　　　+ 목적격 = ⋯ 아래

☞ 「휘포」는 대포입니다. 포병부대가 훈련을 받다가 잠시 휴식을 취하고 있는데 갑자기 천지를 진동시키는 폭음이 들리며 대포가 발사되었습니다. 군인들은 깜짝 놀라 대포 있는 곳을 쳐다보았습니다. 그런데 그 주위에 있던 소가 그만 대포의 발사 스위치를 건드렸던 것입니다. 자, 「대포」가 「누구로 말미암아」 발사되었다고요? 예, 소입니다.

☞ 두 번째 그림을 봅시다. 이번에는 전쟁 중에 대포를 세워놓게 되었습니다. 자 그런데 적의 정찰기가 날아다니고 있으니 대포를 어디 두어야 하겠습니까? 예, 커다란 나무 밑입니다. 「대포 + 나무」 하면 무엇이 연상되십니까? 「⋯ 아래에」입니다.

κατά

(카타) + 소유격 = … 에 대하여, … 에 대적하여

+ 목적격 = … 에 의하여, … 을 따라서, … 아래로

☞ 「카타」는 드르륵 밀어서 쓰는 「카타칼」입니다. 선생님이 아이들을 데리고 야외학습을 나가셨습니다. 그런데 마침 거기 소가 있기에 「소에 대해서」 강의를 하셨습니다.

☞ 그런데 소는 선생님이 칼로 자신의 몸을 이곳저곳 가리키면서 설명

을 하시자 그 칼로 자신을 해치려는 줄 알고 선생님께 덤볐습니다. 그러니 선생님도 다치지 않기 위해서는 소를 「대적」하셔야지요. 손에 무엇을 들고 대적하셨겠습니까? 「카타」입니다.

여기쯤에서 여러분에게 「유익한」 잔소리를 하고 넘어가야 할 것 같습니다. 지금 우리는 계속해서 세 가지를 다루고 있습니다. 전치사와 명사의 격과 그 의미가 그것들입니다. 그런데 외워야 할 것은 무엇입니까? 그 「의미」입니다. 왜냐하면 우리가 이 책을 공부하는 목적이 일차적으로는 헬라어 성경의 강독이기 때문입니다. 헬라어 성경에는 전치사 다음에 괄호를 쳐놓고 「다음 괄호 안에 들어갈 알맞은 격의 명사를 고르시오」라는 문제는 전혀 없습니다. 바울도 요한도 그런 문제는 출제하지 않았습니다. 고맙게도 전치사와 명사의 격은 본문 가운데 다 주어져 있습니다. 그렇기 때문에 우리는 그 격에서의 전치사의 「의미」만 알면 됩니다. 무슨 말씀을 드리려는 거냐 하면 바로 위의 예에서 선생님이 카타를 들고 있고 그 앞에 소가 있는 것을 기억하는 것도 중요하지만 선생님이 지금 소를 「대적」하고 있다는 사실을 외우

는 것이 더 중요하다는 것입니다. 애써 암기를 하시고서도 선생님이 손에 카타를 들고 소 앞에 서있는 장면은 떠오르는데 도대체 소를 대적하고 있는지 아니면 카타로 소의 뿔을 예쁘게 다듬어 주고 있는지 구별이 되지 않는다면 딱한 일이 아닐 수 없습니다.

☞ **(카타) + 목적격 = … 에 의하여**

아마 여러분들 중에는 「아하, 이건 나도 할 수 있어 '나무가 카타에 의해 잘린다'라고 하면 되지」라고 말씀하시는 분이 계실지도 모르겠습니다. 하지만 죄송스럽게도 그것은 별로 좋은 생각이 아닙니다. 그렇게 하시면 기억이 오래 가지 않습니다. 칼로 나무를 자르는 것은 너무나 평범합니다. 그렇게 기억하지 마시고 카타날을 쭉 끝까지 뽑은 후 오히려 나무 몽둥이로 카타날을 내리쳐서 댕정 자르는 장면을 연상하십시오. 훨씬 충격적이지 않습니까? 카타날이 무엇에 의해 부러졌습니까? 나무입니다. 자, 그러면 「카타 + 나무」는? 「… 에 의해서」입니다. 되도록이면 비정상적이고 희한한 장면을 떠올리셔야 연상의 효과가 좋습니다.

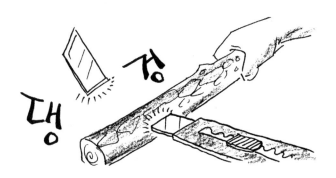

☞ (카타) + 목적격 = … 을 따라서, … 아래로

카타로 나무를 깎을 때 나뭇결에 직각으로 깎는 것이 쉽습니까? 아니면 나뭇결을 「따라서」 깎는 것이 쉽습니까? 또 나무를 세워놓고 위에서부터 「아래로」 깎아 내려가는 것이 힘이 덜 들겠지요?

그런데 「카타 + 목적격」은 의미가 세 개나 됩니다. 이럴 때는 두 그림을 연관시키는 것이 좋습니다. 즉 두 번째 나무를 결대로 깎는 그림에서는 온전한 카타로 깎는 것이 아니라 첫 번째 그림에서 '댕겅' 부러져 나간 날을 주워들고 깎는다고 생각하십시오. 그러면 「카타 + 나무」라고 했을 때 우선 '댕겅'이 생각나고 그 후에 부러진 날을 주워들고 나무를 결대로 아래로 깎아 내리는 모습이 연속적으로 떠오를 것입니다.

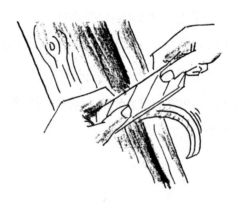

παρά

(파라) + 소유격 = … 로부터

　　+ 여격 = … 곁에(beside), … 앞에

　　+ 목적격 = … 곁에, 나란히(alongside of)

☞ (파라) + 소유격 = ··· 로부터

「파라」는 해변에서 볼 수 있는 커다란 파라솔입니다. 소가 화장실에
갔는데 소 항문「으로부터」파라솔이 쭉 빠져나옵니다. 그림은 희한하
고 인상적이지만 말이 안 된다고요? 하지만 바로 그것 즉 평범한 소
재로 얼마나 기상천외한 장면을 그려내느냐 하는 것이 연상결합법의
관건입니다.

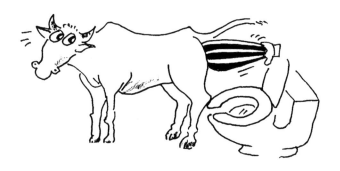

☞ (파라) + 여격 = ··· 곁에, ··· 앞에

해변에서 파라솔이 여인「곁에」도 있고 여인「앞에」도 있습니다. 하지
만 너무 평범하면 안 되니까 파라솔이 거꾸로 처박혀 있다고 생각하
십시오.

☞ (파라) + 목적격 = … 곁에, 나란히

이번에도 나무 곁에 파라솔이 처박혀 있는데 한 개가 아니고 수십 개의 파라솔들이 「나란히」 줄지어 처박혀 있습니다.

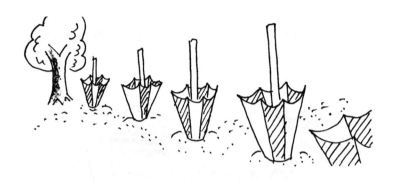

σύν

(쉰) + 여격 = 함께

☞ 「쉰」은 순이입니다. 순이가 어떤 처음 보는 여인과 「함께」 어디론가 가고 있어서 혹시 유괴가 아닌가 하고 의심스러운 눈으로 살피고 있습니다.

περί

(페리) + 소유격 = … 에 대하여

　　+ 목적격 = … 주위에, … 둘레에

☞ (페리) + 소유격 = … 에 대하여

「페리」는 페리호 여객선입니다. 동물들이 다니는 학교가 있는데 소가 선생님입니다. 소 선생님이 페리호의 모형을 들고 학생들 앞에서 페리호「에 대하여」 열심히 강의를 하고 있습니다.

☞ (페리) + 목적격 = … 주위에, … 둘레에

바다 가운데 난데없이 커다란 나무 한 그루가 솟아나와 있습니다. 그래서 페리호가 지나가다 말고 그「주위를」 빙빙 돌면서 신기한 듯 그 나무를 살피고 있습니다.

ὑπέρ

(휘페르) + 소유격 = 위하여, 대신하여

　　　+ 목적격 = … 위에

☞ (휘페르) + 소유격 = 위하여, 대신하여

「휘페르」는 휘파람입니다. 송아지를 너무나 사랑하는 어린 형제가 있었습니다. 그 형제들은 송아지가 잠들 때면 「송아지를 위해」 휘파람으로 자장가를 불러주곤 했습니다. 왜냐하면 가사를 붙여 노래해 봤자 송아지는 그 뜻을 알아듣지 못하기 때문입니다. 형이 먼저 휘파람을 불다가 입이 너무 아프면 그 동생이 형을 「대신해서」 휘파람을 불어주곤 했습니다. 그러면 송아지는 예쁘게 잠들곤 했답니다.

☞ (휘페르) + 목적격 = … 위에

시골에서는 눈이 오면 이웃 마을 아이들과 마을 대항 눈싸움을 벌이곤 하지요? 언덕 위에서 눈덩이를 잔뜩 만들어 놓고 숨을 죽이고 기다리고 있으면 「나무 위에」 있는 망보는 애가 휘파람으로 신호를 해줍니다.

πρό

(프로) + 소유격 = ··· 앞에, 전에 (시간과 장소에 모두 사용)

☞ 「프로」는 포로입니다. 소나라와 말나라가 전쟁을 했는데 말나라 임금
이 그만 포로로 잡혀서 소나라 임금 「앞에」 끌려왔습니다.

「프로」와 「프로스」가 혼동되신다고요? 「프로스」는 「프로 레슬러」입니
다. 「스」와 레「슬」러를 주의해서 외우시면 금방 구별이 될 것입니다.

ἐπί

(에피) + 소유격 = ··· 위에(over, on), 때에

    + 여격 = ··· 위에, ··· 에 기초하여, ···에서(at)

    + 목적격 = ··· 위에, ··· 에게, ··· 에 대하여(against)

☞ (에피) + 소유격 = ··· 위에(over, on), 때에

「에피」는 에펠탑입니다. 커다란 소가 에펠탑 「위에」 있습니다. 그런데 소의 무게 때문에 에펠탑이 기우뚱거리며 무너지려 합니다. 막 무너지려 할 「때에」 공군 헬기가 출동하여 소를 생포해 갔습니다.

☞ (에피) + 여격 = ··· 위에, ··· 을 기초하여, ···에서

소가 사라지고 나니까 몰려있던 군중들에게 자신들의 솜씨를 자랑하기 위해 세 명의 아가씨들이 등장합니다. 한 아가씨는 서커스단의 공중 곡예사인데 그 아가씨는 에펠탑 「위에서」 묘기를 펼칩니다. 그리고 한 아가씨는 중간의 평평한 곳「에서」 노래를 부릅니다. 그리고 나머지 한 아가씨는 화가 지망생인데 그 에펠탑과 다른 아가씨들의 모습을 「기초로 하여」 재빨리 멋진 그림을 그리고 있습니다.

☞ (에피) + 목적격 = ⋯ 위에, ⋯ 에게, ⋯ 에 대하여(against)

　묘기도 부리고 노래도 부르고 그림도 그리면서 한창 분위기가 무르익어 가는데 갑자기 사이렌 소리를 울리며 파리 경찰이 트럭에 목재를 가득 싣고 출동했습니다. 에펠탑이 충격을 받았기 때문에 무너지기 전에 빨리 부목(副木)을 대주어야 한다는 것입니다. 그래서 경찰은 가지고 온 목재들을 건축기사들「에게」 넘겨주었고 기사들은 그 목재들을 에펠탑의 철근「위에」 대고 잘 묶었습니다. 그런데 군중들이 해산하지 않고 자꾸 주위에 몰려들자 경찰은 그들이 다칠 것을 염려하여 남아 있는 목재들로 군중들에「대하여」 바리케이트를 쌓았습니다.

ἕως

(헤오스) + 소유격 = … 까지(until), … 하는 한(as far as)

☞ 「헤오스」는 해오라기 새입니다. 소와 해오라기는 친구입니다. 소의
생일이 되어 주인이 맛있는 음식을 차려 주었는데 소는 먹을 생각을
하지 않습니다. 그래서 주인이 왜 안 먹느냐고 물었더니 소는 해오라
기가 올 때「까지」는 아무것도 먹지 않겠다고 말합니다.

그래서 주인이 만약 해오라기가 안 오면 어쩌겠느냐고 물었더니 소
는 자신이 알고 「있는 한」 해오라기는 안 올 친구가 아니라고 대답합
니다.

ἐνώπιον

(에노피온) + 소유격 = … 앞에, … 면전에

☞ 「에노피온」은 「애를 높이 올리다」입니다. 소 「앞에서」는 혹시 소가 애
를 해칠지 모르므로 애를 높이 올려야 합니다.

ἔξω

(엑소) + 소유격 = … 의 바깥에(outside)

☞ 「엑소」는 「엑소시스트」(귀신 쫓아내는 것)입니다. 소가 귀신이 들렸으면 그것이 소 「바깥에」 있도록 만들어야 합니다.

ἄχρι, ἄχρις

(아크리), (아크리스) + 소유격 = … 하는 한, … 까지

☞ 「아크리」 혹은 「아크리스」는 아크릴 입니다. 소를 타고 어디를 가려고 했더니 길 위에 반질반질한 아크릴이 죽 깔려 있었습니다. 소는 미끄러워서 걸을 수가 없었습니다. 그래서 소는 주인에게 길에 아크릴이 깔려 「있는 한」 자신은 한 발자국도 움직일 수 없다고 말했습니다. 그래서 할 수 없이 주인은 목적지「까지」 길 위에 있던 아크릴을 일일이 다 주워 주었습니다.

χωρίς

(코리스) + 소유격 = … 없이, … 를 제외하고, 따로(without, apart from)

☞ 「코리스」는 「코러스」 즉 합창단입니다. 소가 합창단에 지원을 했는데 하라는 노래는 하지 않고 시도 때도 없이 음메거리기만 합니다. 그래서 지휘자는 소「없이」, 소「를 제외하고」, 「따로」 연습을 하기로 했습니다.

ὀπίσω

(오피소) + 소유격 = 뒤에, 후에(behind, after)

☞ 「오피소」는 사무실(office)입니다. 어떤 사람이 소를 너무 좋아해서 사무실에까지 데리고 출근을 했는데 사장님이 보시면 큰일이 나니까 소를 사무실 「뒤에」 몰래 매놨습니다.

※ 나중에 외우게 될 ὄφις, εως, ὁ (뱀)과 잘 구별하십시오. 둘 다 「사무실」을 연상시켜 외우기는 하지만 어떻게 구별하냐 하면 철자를 보았을 때 몸통이 둥근 것(φ)이 뱀입니다.

πλήν

(플랜) + 소유격 = ··· 을 제외하고(except)

☞ 「플랜」은 계획(plan)입니다. 멀리 이사를 가는데 소는 「제외하고」 떠날 계획을 세웠습니다. 소가 얼마나 야속했을까요?

ἕνεκα, ἕνεκεν

(헤네카), (헤네켄) + 소유격 = ··· 때문에(on account of)

☞ 「헤네카」와 「헤네켄」은 앞의 헤를 무시하고 각각 「내 차(car)」와 「내 캔(can)」입니다. 내 차 트렁크에 음료수 캔을 가득히 싣고 떠나려고 하는데 어떤 미친 소가 차 뒤를 들이받아서 트렁크가 부수어지고 음료수 캔들이 엉망이 되었습니다. 누구 「때문에」 그렇게 되었습니까? 예, 소 「때문에」 그렇게 되었습니다.

πέραν

(페란) + 소유격 = … 건너편에서(on the other side)

☞ 「페란」은 「계란」입니다. 아이들이 시내 저쪽에 있는 소를 보자 시내 「건너편에서」 소에게 마구 계란을 던졌습니다.

ἀντί

(안티) + 소유격 = …와 반대의, … 대신에, 위하여

☞ 「안티」(anti)는 앤트(ant) 즉 개미입니다. 소가 몸살이 나자 원래는 소에게 「반대」하던 개미가 소 「대신에」 소를 「위하여」 밭을 갈고 있습니다.

ἐπάνω

(에파노) + 소유격 = ··· 위에, ··· 위로(over, above)

☞ 「에파노」는 「외판원」입니다. 어떤 집 대문이 열려 있길래 '실례합니다'
하고 들어갔더니 갑자기 소가 덤볐습니다. 당황한 외판원은 얼른 장
독대 「위로」 올라갔습니다.

μέχρι, μέχρις

(메크리), (메크리스) + 소유격 = ··· 까지(until, as far as)

☞ 「메크리」는 「매끄러운 길」입니다. 「아크리」와 격과 뜻이 같습니다. 소
는 목적지 「까지」 또 매끄러운 길이면 가지 않겠다고 합니다.

ἀνά

(아나) + 목적격 = … 위로(upwards, up); (수사와 함께) 각(each)

☞ 「아나」는 아낙네입니다. 「각각의」「아낙」들이 「나무」짐을 잔뜩 지고 언덕 「위로」 올라갑니다. 언덕 위에 교회를 세우나 봅니다.

ἔξωθεν

(엑소쎈) + 소유격 = 밖에서부터(from without)

☞ 「엑소쎈」은 「소세지」입니다. 소에게 소세지를 가져오라고 시켰더니 집안 냉장고에 소세지가 있는 것을 모르고 밖에 나가서 사왔습니다. 소가 어디서부터 소세지를 가져왔습니까? 「밖에서부터」입니다.

ἄμα

(하마) + 여격 = 동시에(at the same time), 함께(together with)

☞「하마」는 하마입니다. 밀림에서 잃어버린 애인을 애타게 찾고 있는데
뒤에서 무서운 하마와 애인이「동시에」「함께」나타났습니다.

전치사를 먼저 외운 이유는 다음에 동사들을 외울 때 전치사를 알고
있으면 암기하고 활용하는 것이 훨씬 쉽기 때문입니다.

* 지금까지 나왔던 전치사들을 순서대로 모아 봤습니다. 다 외우셨는지 체크해 보시기 바랍니다.

διά

(디아) + 소유격 = … 을 통하여(through)

(디아) + 목적격 = … 때문에(because of)

ἀπό

(아포) + 소유격 = … 에게서, … 으로부터

εἰς

(에이스) + 목적격 = … 안으로

ἐκ

(에크) + 소유격 = … 밖으로(모음 앞에서는 ἐξ)

ἐν

(엔) + 여격 = … 안에

μετά

(메타) + 소유격 = 함께

(메타) + 목적격 = 후에

πρός

(프로스) + 목적격 = … 에게, … 에게로

ὑπό

(휘포) + 소유격 = … 로 말미암아

(휘포) + 목적격 = … 아래

κατά

(카타) + 소유격 = … 에 대하여, … 에 대적하여

(카타) + 목적격 = … 에 의하여, … 을 따라서, … 아래로

παρά

(파라) + 소유격 = … 로부터

(파라) + 여격 = … 곁에(beside), … 앞에

(파라) + 목적격 = … 곁에, 나란히(alongside of)

σύν

(쉰) + 여격 = 함께

περί

(페리) + 소유격 = … 에 대하여

(페리) + 목적격 = … 주위에, … 둘레에

ὑπέρ

(휘페르) + 소유격 = 위하여, 대신하여

(휘페르) + 목적격 = … 위에

πρό

(프로) + 소유격 = … 앞에, 전에 (시간과 장소에 모두 사용)

ἐπί

(에피) + 소유격 = … 위에(over, on), 때에

(에피) + 여격 = … 위에, … 에 기초하여, …에서(at)

(에피) + 목적격 = … 위에, … 에게, … 에 대하여(against)

ἕως

(헤오스) + 소유격 = … 까지(until), … 하는 한(as far as)

ἐνώπιον

(에노피온) + 소유격 = … 앞에, … 면전에

ἔξω

(엑소) + 소유격 = … 의 바깥에(outside)

ἄχρι, ἄχρις

(아크리), (아크리스) + 소유격 = … 하는 한, … 까지

χωρίς

(코리스) + 소유격 = ··· 없이, ··· 를 제외하고, 따로(without, apart from)

ὀπίσω

(오피소) + 소유격 = 뒤에, 후에(behind, after)

πλήν

(플랜) + 소유격 = ··· 을 제외하고(except)

ἕνεκα, ἕνεκεν

(헤네카), (헤네켄) + 소유격 = ··· 때문에(on account of)

πέραν

(페란) + 소유격 = ··· 건너편에서(on the other side)

ἀντί

(안티) + 소유격 = ···와 반대의, ··· 대신에, 위하여(instead of, for)

ἐπάνω

(에파노) + 소유격 = ··· 위에, ··· 위로(over, above)

μέχρι, μέχρις

(메크리), (메크리스) + 소유격 = ··· 까지(until, as far as)

ἀνά

(아나) + 목적격 = 위로(upwards, up); (수사와 함께) 각(each)

ἔξωθεν

(엑소쎈) + 소유격 = 밖에서부터(from without)

ἅμα

(하마) + 여격 = 동시에(at the same time), 함께(together with)

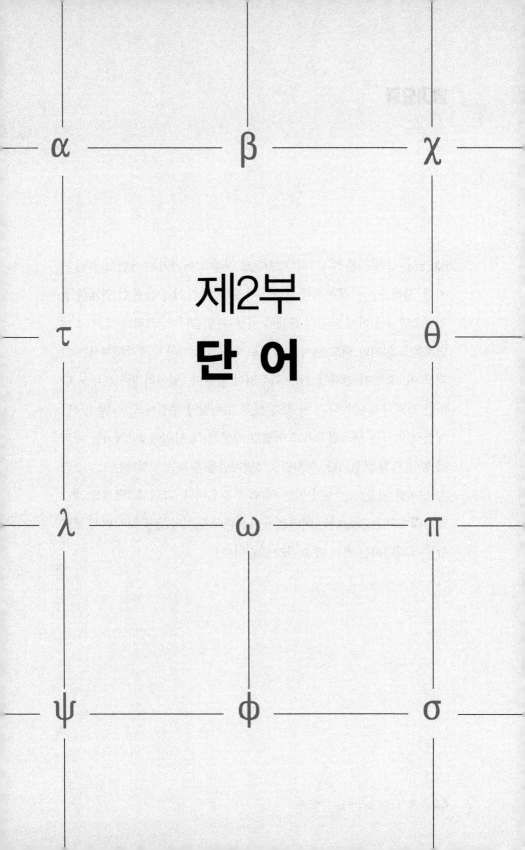

제2부
단 어

암기요령

βλέπω (블레포)를 보고「내가 보다」로 곧장 넘어가기는 어렵습니다. 하지만「블레포」→「레포트를 보다」→「보다」와 같이 중간에 한 단계를 집어넣으면 수월하게 마지막 단계에 이를 수 있습니다. 그러나 그저 그 세 단계들을 읽기만 해도 단어가 저절로 외워질 것이라고 생각하셔서는 안 되고 이 세 가지 단계를 전부 외우셔야 합니다. 열심히 읽었는데도 단어가 기억나지 않는다고 이 책을 탓하지는 말아 주십시오. 다만 1, 3단계만의 암기는 무조건적이고 어렵기 때문에 그 사이에 2단계라는 다리를 놓아 드릴 뿐입니다. 하지만 1, 3단계만을 외우는 것보다는 1, 2, 3단계 전체를 외우시는 것이 훨씬 더 쉬울 것입니다. 그리고 2단계도 제가 제시해 드리는 것보다는 여러분이 나름대로 단어와 뜻을 보시면서 새로 만들어 나가시는 것이 더 효과가 좋습니다.

1

βλέπω

보다

☞ 남의 레포트(블「레포」)를 보다니 …

γινώσκω

알다

☞ 나는 기네스(「기노스」코)북의 내용을 다 안다.

γράφω

(글을) 쓰다

☞ 그래프(「그라포」) 귀퉁이에 써라.

διδάσκω

가르치다

☞ 내가 디스코(「디」「다」스코) 가르쳐 줄까?

διδάσκαλος

(디다스칼로스)

선생님

διδασκαλία

(디다스칼리아)

가르침, 교훈

διδαχή

(디다캐)

가르침

λαμβάνω

취하다(take)

☞ 람보(「람바」노)가 적의 무기를 취하다.

λέγω

말하다

☞ 레고(「레고」) 장난감 사달라고 아빠한테 말해야지.

λύω

풀다, 파괴하다

☞ 이루어(「뤼오」) 놓았던 것들을 파괴하다.

ἔχω

가지다, 소유하다

☞ 산은 메아리(「에코」우; echo)를 가지고 있다.

ἀδελφός

형제

☞ 아들들(「아델」포스)을 형제라고 부른다.

ἀδελφή

자매, 누이

☞ 아들 패는(「아델패」) 자매

ἄνθρωπος

사람, 인간

☞ 춥고 배고픈 안스러운(「안쓰로」포스) 인간

ἀπόστολος

사도

☞ 포스터(아「포스톨」로스)를 붙이고 있는 사도

δοῦλος

종, 노예

☞ 둘러대지(「둘로」스) 마, 그래봤자 넌 종이야.

δουλεύω

(둘류오)

종노릇하다, 봉사하다

δῶρον

선물

☞ 더러운(「도론」) 선물

θάνατος

죽음

☞ 사나이(「싸나」토스)는 죽음이 멋져야 한다.

θανατόω

죽음에 내어주다, 죽게 하다

☞ 나토(싸「나토」오; NATO)군을 죽게 하다.

2

ναός

성전

☞ 나 오늘(「나오」스) 성전에 간다.

※ 한글 성경은 다음 단어인 '히에론'과 '나오스'를 모두 '성전'으로 번역하고 있는데 둘
   의 의미는 다릅니다. '나오스'는 오직 성소(지성소, 성소)만을 뜻하고, '히에론'은 성
   소와 그 부속건물들(유대인 남자들의 뜰, 유대인 여인들의 뜰, 이방인의 뜰 등)을 모
   두 포함하는 단어입니다.

ἱερόν

성전, 성역

☞ 영웅(「히에론」; 히어로우, hero)들의 발자취가 담긴 성전

καί

(접) 그리고, 또

☞ 카이젤(「카이」) 수염이 또 유행이다.

καί … καί

… 도 … 도 모두(both … and)

☞ 임금님도 왕자님도 모두 카이젤(「카이」) 수염

λόγος

말씀

☞ 우리 회사 로고(「로고」스)에는 성경 말씀을 넣을 거야.

νόμος

율법

☞ 노모(老母; 「노모」스)의 말씀은 곧 율법이다.

※ autonomous(자율적인)

οἶκος

집

☞ 오이(「오이」)가 커(「코」스)가는 집

υἱός

아들

☞ 휘어(「휘오」스)잡아야 하는 아들

ἀλήθεια

진리, 참

☞ 방사선을 알에 쐬이(「알래쎄이」아)면 안 된다는 것은 진리이다.

ἀληθής, ές

(알래쌔스)

(형) 참된 (앞의 것이 남성과 여성, 뒤의 것이 중성 어미입니다.)

※ 사전을 찾다 보면 형용사 원형의 어미가 남성, 여성, 중성으로 따로 소개된 것이 아니라 두 가지로만 소개된 것이 있습니다. 이런 경우에는 앞의 것이 '남성, 여성'이고 뒤의 것이 '중성'입니다. 남성과 여성 명사를 수식할 때는 어미형이 같다는 뜻입니다.

ἀληθιός, ή, όν

참된, 진실한

☞ 알래스카(「알래」)에서 온 아무개 씨(「씨」오스)는 참되고 진실하다.

ἀληθῶς

(부) 진실로, 정말로

☞ 알래스카(「알래」) 쏘스(「쏘스」)는 정말로 좋다.

βασιλεία

왕국, 나라

☞ 실례(바「실레」이아)합니다. 하나님 나라가 어느 쪽에 있나요?

βασιλεύω

다스리다, 통치하다

☞ 내가 통치를 한다면 악인들을 바술래요(「바실류오」).

βασιλεύς, βασιλέως, ὁ

왕

☞ 악인들을 바술(「바실」류스) 왕

γραφή

기록물, 성서

☞ 글 앞에서(「그라패」) 언급했던 기록물이 이겁니다.

γράφω (그라포)가 「글을 쓰다」이니 그것의 명사형은 「기록물」이 되 겠죠.

δόξα

영광

☞ 독사(「독사」)의 영광은 독이빨

εἰρήνη

평화, 평강

☞ 왜 이러니(「에이래내」)? 나는 평화를 원해.

ἐκκλησία

교회

☞ 클래식(에「클래시」아)한 스타일의 교회

③

ἐντολή

계명

☞ 엔돌의(「엔톨래」) 신접한 여인을 죽이라는 계명

ζωή

생명

☞ 저 애(「조애」)는 우리의 생명입니다.

ἡμέρα

날[日]

☞ 날마다 헤매라(「해메라」)

καρδία

마음

☞ 헤로디아(「카르디아」)의 마음

παραβολή

비유

☞ 이 예화(비유)집 좀 팔아 볼래(「파라볼래」)?

φωνή
(포내)

음성, 소리

☞ 폰(phone) 아시죠?(헤드폰, 이어폰 등)

ψυχή

혼, 목숨

☞ 수캐(프「쉬캐」)의 혼

ὥρα

시간

☞ 호랑이(「호라」) 나올 시간이다.

ἀγαθός, ή, όν
(형) 좋은, 선한

☞ 아까(「아가」) 그 쏘스(「쏘스」)는 참 좋은 쏘스였다.

ἄλλος, η, ο
(형) 다른

☞ 이 알은 썩었네요. 다른 알로(「알로」스) 주세요.

ἐγείρω

일으키다

☞ 에게(「에게」), 이런(「이로」) 녀석을 일으키라고?

ἔρημος, ἡ
광야, 빈들 (여성명사임에 주의)

☞ 여군이(여성명사) 베레모 쓰(「에레모스」)고 광야로 나가다.

ἔσχατος, η, ον
(형) 마지막, 끝의

☞ 에스칼(「에스카」토스)레이터로 마지막 층까지

※ eschatology(종말론)

κακός, ἡ, όν
(형) 나쁜, 악한

☞ 각오(「카코」스)해라, 이 나쁜 놈아!

κακία
악의, 원한, 악

☞ 카키(「카키」아)색 옷을 입은 자의 원한

καλός, ἡ, όν
(형) 좋은, 아름다운

☞ 칼로리(「칼로」스)가 낮아서 좋은

κύριος

주인, 주님

☞ 퀴리(「퀴리」오스) 부인의 주님

μικρός, ά, όν

(미크로스)

(형) 작은

☞ 작은 마이크로(「미크로」스) 녹음하다.

※ micro- (작은), microscope(현미경), microfilm(마이크로 필름) 등

νεκρός, ά, όν

(형) 죽은

☞ 목(「네크」; neck)이 없으면(「로스」; loss) 죽은 것이다.

4

ὁ, ἡ, τό
(호, 해, 토)

(관) 그(the)

☞ 그(the) 사람이 내 상처에 호 했어(「호해토」).

ὁδός, ἡ

길 (여성명사임에 주의)

☞ 어떤 여자(여성명사)가 호도(「호도」스)를 열심히 까먹으면서 길을 가고 있다.

πιστός, ή, όν

(형) 신실한, 미쁜

☞ 이 피스톤(「피스토」스)은 믿을 만하다.

πρῶτος, η, ον

(형) 처음의

☞ 프로도(「프로토」스) 처음에는 다 실수를 한다.

※ proto- (처음의, 원래의), prototype(원형), protomartyr(최초의 순교자 즉 스데반)

ἄγγελος

천사, 사자(使者)

☞ 안개를(「앙겔」) 없애는(「로스」; loss) 천사

ἄγω

인도하다

☞ 내가 악어(「아고」)를 인도했어요. 착하죠?

βάλλω

던지다

☞ 발로(「발로」) 어떻게 던지지?

θεός
(쎄오스)

하나님(하나님을 나타낼 때 관사를 함께 사용한다), 신(神)

※ theology(신학), theonomy(신정[神政], 하나님이 다스리심), theophany(신현[神顯], 하나님께서 나타나심)

κόσμος

우주, 세계, 세상

☞ 코스모스(「코스모스」)가 가득히 핀 세상

※ cosmos(우주), cosmopolitan(세계주의의)

λίθος

돌[石]

☞ 이 소스(「리쏘스」)를 돌 위에 뿌리세요.

※ lith- (돌의), the neolithic era(신석기 시대), the paleolithic era(구석기 시대). paleo-
의 어원도 역시 다음 단어 παλαιός 입니다.

παλαιός, ά, όν

오래 된(old), 낡은, 늙은

☞ 팔라(「팔라」), 이 오래된 옷을(「이오스」).

μαθητής

제자

☞ 그 맛에(「마쎄」태스) 반한 제자

μένω

머물다

☞ 소를 매놓은(「메노」) 곳에 머물다.

οὐρανός

하늘

☞ 우리나라(「우라」노스) 하늘

πέμπω

보내다

☞ 한 템포(「펨포」) 늦게 보내다.

προφήτης, ου, ὁ

선지자, 예언자

☞ 프로패셔널한(「프로패」태스) 선지자

※ prophet(예언자)

προφητεύω

(프로패튜오)

예언하다

προφητεία

(프로패테이아)

예언활동, 예언

τέκνον

아이

☞ 테크닉(「테크」; technique)이 없는(「논」; none) 아이

5

τόπος

장소, 곳

☞ 도포(「토포」스)를 벗어 두는 곳

φέρω

짊어지다, 가져오다

☞ 배로(「페로」) 가져오다.

αὐτός, ή, ὁ

(대) 그이(he), 그녀(she), 그것(it)

☞ 아웃(「아우토」스; out)된 제3자(3인칭). 제3자는 빠지세요.

δέ

(접) 그러나, 그리고

☞ 대(「데」)관절 「데」는 「그러나」야, 「그리고」야?

σύ

(대) 너

☞ 쉿!(「쉬」) 너만 알고 있어야 해.

ἐγώ

(대) 나

☞ 에고(「에고」)! 나 죽는다.

※ ego(자기, 자아)

εἰμί

나는 … 이다, 나는 있다

☞ 내가 에미(「에이미」)이다.

ἀγάπη

사랑

☞ 아까 팼(「아가패」)던 것도 사랑이었단다.

ἀγαπάω

사랑하다

☞ 아가(「아가」파오)를 사랑하다.

ἁμαρτάνω

죄짓다

☞ 니는 왜 하마를 타노(「하마르타노」)? 그건 죄짓는 거야.

ἁμαρτία

죄

☞ 동물 보호구역에서 하마를 타는(「하마르티」아) 것은 죄이다.

ἁμαρτωλός

(하마르톨로스)

죄인

βαπτίζω

세례주다

☞ 밥풀튀기 줘(「밥티조」), 그러면 세례줄께.

βάπτισμα, ατος, τό

(밥티스마)

세례

βαπτιστής, οῦ, ὁ

(밥티스태스)

세례자

ἐπαγγελία

약속

☞ 애의 판결(「에팡겔」리아)에 따르기로 한 약속

※「에팡겔리온」이라고 외우지 않도록 조심하십시오.

ἐπαγγέλλομαι

약속하다

☞ 애의 판결로(「에팡겔로」마이) 결정하기로 약속하다.

εὐαγγέλιον

(유앙겔리온)

복음

☞ εὐ (좋은) + ἀγγελία (소식) = 좋은 소식(복음)

※ 영어에서도 eu- 는 「좋은」이라는 뜻의 접두어입니다.

   eulogy(찬사), euphony(듣기 좋은 소리)

6

κρίνω

심판하다

☞ 내가 크림(「크리」노) 장사를 심판하겠다.

κατακρίνω

(카타크리노)

정죄하다

☞ κατά (아래로) + κρίνω (판결하다) = 정죄하다

(고대 로마에서 엄지손가락을 아래쪽으로 향하면 피고인이 유죄라는 뜻이었습니다.)

κριτής, οῦ, ὁ

심판자, 판단자

☞ 소크라테스(「크리태스」)의 심판자

νῦν

(부) 지금

☞ 눈(「뉜」)이 오는 지금, 당신은 어느 창가에서 …

νυνί

(부) 지금 (강세형)

☞ 바로 지금 눈이(「뉘니」) 온다.

οὗτος, αὕτη, τοῦτο

(대) 이(this), * 순서에 따라 남성, 여성, 중성

☞ 이(this) 책을 훑었어(「후토스」).

ἐκεῖνος, η, ο

(대) 저(that)

☞ 저(that) 애가 케이오(「에케이노」스) 되었어요.

οὕτως

(부) 이와 같이, 이렇게

☞ 뒤로 보내는 토스(「후토스」)는 이렇게 하는 거야.

πονηρός, ά, όν

(형) 악한

☞ 악한 것들은 다 퍼내라(「포내로」스).

πρόσωπον

얼굴

☞ 소포(프로「소폰」)에 내 얼굴이 그려져 있네.

χαρά

기쁨

☞ 이 칼라(「카라」; color)는 기쁨을 뜻한다.

ἀλλά

(접) 그러나(δέ보다 강한 반의어)

☞ 알라(「알라」)는 그러나 신이 아니다.

ἀκούω

듣다(소유격과 목적격을 모두 취한다)

☞ 「아쿠오」는 「아쿠!」라는 감탄사, 「듣다」는 「귀」, 그리고 소유격과 목적격은 전치사에서와 마찬가지로 소와 나무로 합니다. 아래의 그림을 보십시오. 한쪽 귀는 소가 뿔로 받고 다른 쪽 귀는 몽둥이로 얻어맞기 때문에 참을 수 없어서 「아쿠!」하고 비명을 지릅니다. 「아쿠! + 소 + 몽둥이 = 귀(듣다)」입니다.

ἀκοή

들음, 보고

☞ 아코(「아코」애)! 하는 소리를 들음

ἀποκρίνομαι

(dep) 대답하다

☞ 내가 포크레인(아「포크리노」마이) 위에서 대답하다.

ἄρχω

지배하다(소유격을 취한다), 시작하다(중간태)

☞ 소(소유격)를 알고(「아르코」) 지배하다.

처음에는 그게 뭔지 모르다가 중간에(중간태) 알고(「아르코」) 시작하다.

γίνομαι

(dep) 되다

☞ 내가 기모노(「기노마」이; 일본옷) 재단사가 되다.

※ 영어의 become 동사가 그 뒤에 주격보어를 받듯이 헬라어에서도 γίνομαι 뒤에는 명사의 주격이 옵니다.

ἔρχομαι

(dep) 가다, 오다

☞ 꼬마(에르「코마」이)가 간다.

ἀπέρχομαι

(아페르코마이)

(dep) 가버리다

☞ ἀπό (… 로부터) + ἔρχομαι (가다) = 가 버리다

7

διέρχομαι

(디에르코마이)

(dep) 거쳐가다

☞ διά (…을 통하여) + ἔρχομαι (가다) = 거쳐가다

εἰσέρχομαι

(에이세르코마이)

(dep) 들어가다

☞ εἰς (… 안으로) + ἔρχομαι (가다) = 들어가다

ἐξέρχομαι

(엑세르코마이)

(dep) 나가다

☞ ἐξ (… 밖으로) + ἔρχομαι (가다) = 나가다

κατέρχομαι

(카테르코마이)

(dep) 내려가다

☞ κατά (… 의 아래로) + ἔρχομαι (가다) = 내려가다

συνέρχομαι

(쉬네르코마이)

(dep) 같이 가다

☞ σύν (함께) + ἔρχομαι (가다) = 같이 가다

ὅτι

(접) … 한 바를(that …), 왜냐하면

☞ 이것은 뜨겁다(「호티」; hot). 왜냐하면 …

　의미들 중 첫 번째 것은 영어에서 I think 'that' … 이라고 할 때의 that

　입니다.

οὐ

아니(not)

(모음 앞에서는 οὐκ, 강기식 앞에서는 οὐχ)

☞ 우(「우」)! 그건 절대로 아냐!

πορεύομαι

(dep) 가다

☞ 표류(「포류」오마이)하면서 가다.

εἰσπορεύομαι

(에이스포류오마이)

들어가다

☞ εἰς (… 안으로) + πορεύομαι (가다) = 들어가다

ἐκπορεύομαι

(에크포류오마이)

(dep) 나가다

☞ ἐκ (… 밖으로) + πορεύομαι (가다) = 나가다

σώζω

구원하다

☞ 알콜중독자를 소주(「쏘조」)로부터 구원하다.

αἴρω

들어올리다, 치워 버리다(take away)

☞ 내가 아이를(「아이로」) 들어올려서 안전한 곳으로 치워 버리다.

βαίνω

가다

☞ 빠이빠이(「바이ㄴ노」) 하고서 가다.

ἀναβαίνω

(아나바이노)

올라가다

☞ ἀνά (위쪽으로) + βαίνω (가다) = 올라가다

ἐμβαίνω

(엠바이노)

배에 타다, 타다

☞ ἐμ (= ἐν … 안에) + βαίνω (가다) = (탈 것 안으로 가다) 승선하다, 타다

※ embark(승선하다)

καταβαίνω

(카타바이노)

내려가다

☞ κατά (아래로) + βαίνω (가다) = 내려가다

ἀποθνήσκω

죽다

☞ 아파서 내(「아포쓰내」스코)가 죽다.

ἀποκτείνω

죽이다

☞ 야! 포 끝에 누워(「아포크테이노」)! 죽여 버리겠다.

ἀποστέλλω

보내다

☞ 아프(「아포」)다고 하기에 스텔라(「스텔로」; 옛 현대차 모델명) 차를 보내다.

※ πέμπω는 일반적으로 보내는 것을 뜻하고, ἀποστέλλω는 사명을 주어 보내는 것을 뜻합니다.

ἀπόστολος

사도

☞ 포스터(아「포스톨」로스) 붙이고 있는 사도

　보냄(ἀποστέλλω)을 당한 사람

ἄρτος

떡, 떡 조각

☞ 알토(「아르토」스) 파트가 먹고 있는 떡

ἐσθίω

먹다

☞ 애쓰시오(「에쓰씨오」), 먹느라 …

μέν ··· δέ

한편 ··· 또 한편

(이것은 두 문장을 대조할 때 사용된다. μέν 은 번역하지 않고 δέ 만을 '그러나'로 번역하면 된다.)

☞ 사람(「멘」)은 사람인데(「데」) 그러나 ···

οὐκέτι

(부) 이제는 아니, 더 이상 아니

☞ 웃기지(「우케티」) 마, 이젠 더 이상 안돼 ···

παραλαμβάνω

받다, 잇다, 데려가다

☞ 파라솔(「파라」)을 취하다(「람바노」). 즉 받다.

※ 전치사 '파라'는 '파라솔'로 외웠습니다. 파라솔을 취하니까(람바노, take) 즉 받는 것이지요. 파라솔 여러 개를 「받아서」, 그것들을 하나로 「이어서」, 그것을 「데려(가져)갑니다」.

συνάγω

(쉬나고)

모으다, 모이다

☞ σύν (함께) + ἄγω (인도하다) = (여럿을) 모으다

τότε

(부) 그 때에

☞ 그 때(「토테」)에

πάντοτε

(판토테)

항상, 언제나

☞ πᾶν (모든) + τότε (그 때) = 항상, 언제나

βιβλίον

책

☞ 바이블(Bible; 「비블」리온)은 책이다.

※ 실제로 영어단어 Bible의 어원입니다.

δαιμόνιον

귀신

☞ 대문에 온(「다이모니온」) 귀신

※ demon-posessed(귀신 들린)

δαιμονίζομαι

귀신에 사로잡히다

☞ 그 집 대문이(「다이모니」조마이) 귀신에 사로잡히다.

δέχομαι

(dep) 받다, 영접하다

☞ 데리고(「데코」마이) 온 사람을 내가 영접하다.

ἔργον

일, 역사

☞ 애를 곤(「에르곤」)하게 만든 일

ἐργάτης, ου, ὁ

노동자, 일꾼

☞ 애같애(「에」「르」「가태」스)도 당당한 일꾼이야.

ἐργάζομαι

일하다

☞ 애들은 가 줘(「에르가조」마이), 나 일해야 해.

ἔτι

(부) 아직, 여전히

☞ 그는 여전히 애 티(「에티」)가 난다.

※ 영어의 yet과 발음이 비슷하고 뜻은 같습니다.

θάλασσα

호수, 바다

☞ 갑판 너머는 바다니까 마음놓고 소변을 싸라 싸(「쌀라싸」).

9

οὐδέ

(접) 그리고 아니, … 도 아니, … 까지도 아니

☞ 이건 우대(「우데」)도 아니고 하대로 아니야

οὐδέ … οὐδέ …

… 도 … 도 모두 아니(neither … nor)

☞ 나도 우대(「우데」)를 못 받고 너도 우대를 못 받고

οὔπω

(부) 아직도 아니

☞ 우표(「우포」)를 아직도 안 붙였어?

πλοῖον

배[舟]

☞ 용접을 못해서 풀로 이은(「플로이온」) 배

ἀναβλέπω

(아나블레포)

쳐다보다, 시력을 회복하다

☞ ἀνά (위를) + βλέπω (바라보다) = 쳐다보다, 시력을 회복하다.

앉아서 구걸하던 소경이 예수님을 우러러 쳐다보고 시력을 회복했습니다.

ἀναβλέψω

(아나블렙쏘)

내가 쳐다볼 것이다.

ἀναβλέπω 의 미래

βήσομαι

(dep) 내가 갈 것이다.

βαίνω 의 미래

☞ 배 서방이(『배쏘마이』) 갈 것이다.

γενήσομαι

(dep) 내가 … 이 될 것이다.

γίνομαι 의 미래

☞ 나는 게네(『게내』)들의 소망이(『소마이』) 될 것이다.

γνώσομαι

(dep) 내가 알 것이다.

γινώσκω 의 미래

☞ 나는 그(『그』) 남녀노소(『노소』마이)를 모두 알게 될 것이다.

διδάξω

내가 가르칠 것이다.

διδάσκω 의 미래

☞ 내가 닭소리(디「닥소」)를 가르칠 것이다.

διώκω

뒤쫓다, 박해하다

☞ 기어코(「디오코」) 뒤쫓아가서 박해하다.

διώξω

(디옥소)

(미래) 내가 뒤쫓을 것이다, 박해할 것이다

δοξάζω

영광 돌리다

☞ 이단들은 독사(「독사」조)에게 영광을 돌린다.

δοξάσω

(독싸소)

(미래) 내가 영광 돌릴 것이다.

ἐλεύσομαι

(dep) 내가 올 것이다, 갈 것이다.

ἔρχομαι 의 미래

☞ 나는 정류소(엘「류쏘」마이)로 갈 것이다.

ἕξω

(미래) 내가 소유할 것이다.

ἔχω 의 미래

('엑소'가 아니라 '헥소'임에 주의할 것)

☞ 핵(「헥」)을 소련이(「쏘」) 소유할 것이다.

κηρύσσω

선포하다, 전파하다, 설교하다

☞ 내가 설교하는 게 괴롭소(「캐륏소」)?

κηρύξω

(캐뤽쏘)

(미래) 내가 선포할 것이다. 설교할 것이다.

ἐκήρυξα

(에캐뤽사)

(제1부정과거) 내가 전파하였다, 선포하였다

10

λήμψομαι

(dep) (미래) 내가 취(取)할 것이다.

λαμβάνω 의 미래

☞ 내가 램프(「램프」소마이)를 취할 것이다.

προσεύχομαι

(dep) 기도하다

☞ 프로(「프로」) 선수는 숫골인(「슈코」마이)을 위해 기도한다.

προσεύξομαι

(미래) 내가 기도할 것이다.

☞ 프로는 숙소에서(「프로슉소」) 많이(「마이」) 기도할 것이다.

προσευχή

기도

☞ 수캐(프로「슈캐」)의 기도. 주인이 먹이를 많이 …

τυφλός

소경

☞ 팁을 플러스로(「튀플로스」; tip plus) 더 받은 소경

ἀπολύω

놓아주다, 해고하다, 해산시키다

☞ ἀπό (…로부터) + λύω (풀다) = 놓아주다

아폴(「아포」뤼오)로를 풀어(λύω) 주다.

미 항공우주국(NASA)에서는 재정부족 때문에 꽁꽁 묶어 두었던 아
폴로 우주선을 아무나 가져 가도록 '풀어 주었고,' 종업원들을 '해고
시켰으며,' 항의하는 그들을 '해산시켜' 버렸습니다.

ἀπολύσω

(아폴뤼소)

(미래) 내가 놓아줄 것이다. 해고할 것이다. 해산할 것이다.

ἀπέλυσα

(아펠뤼사)

(제1부정과거) 내가 놓아 주었다. 해고했다. 해산했다.

στρέφω

돌리다, 돌아서다, 바꾸다

☞ 거리(「스트레」포; street)에서 돌아서다.

ἐπιστρέφω

돌이키다, 돌아가다

☞ 에! 피[血](「에피」)가 거리(「스트레」포; street)에 … 무서워, 돌아가자.

ἐπιστρέψω
(에피스트렙소)

(미래) 내가 돌이킬 것이다. 내가 돌아갈 것이다.

ἐπέστρεψα
(에페스트렙사)

(제1부정과거) 내가 돌이켰다. 내가 돌아갔다.

ὑποστρέφω

돌아서다, 돌아가다

☞ 대포(「휘포」) 앞에서 돌아서다(「스트레포」).

ὑποστρέψω
(휘포스트렙쏘)

(미래) 내가 돌아설 것이다.

ὑπέστρεψα
(휘페스트렙싸)

(제1부정과거) 내가 돌아섰다.

ἑτοιμάζω

준비하다, 예비하다

☞ 주문한 장난감(헤「토이」; toy)을 맞을(「마조」) 준비를 하다.

ἑτοιμάσω

(헤토이마소)

(미래) 내가 준비할 것이다.

ἡτοίμασα

(해토이마사)

(제1부정과거) 내가 준비했다.

ἤδη

(부) 이미, 벌써

☞ 애들(「애대」)이 벌써?

　already와 어딘지 비슷하지 않습니까?

θαυμάζω

이상하게 여기다, 놀라다

☞ 저 사람이 싸움하죠(「싸우마조」)? 예, 저도 깜짝 놀랐어요.

θαυμάσω

(싸우마소)

(미래) 내가 놀랄 것이다.

ἐθαύμασα

(에싸우마사)

(제1부정과거) 내가 놀랐다.

θεραπεύω

고치다, 치료하다.

☞ 쎄라믹(「쎄라」) 치료제로 피(「퓨」오) 흘리는 것을 고치다.

※ therapeutic(치료의)

θεραπεύσω

(쎄라퓨소)

(미래) 내가 고칠 것이다.

ἐθεράπευσα

(에쎄라퓨사)

(제1부정과거) 내가 치료했다.

πείθω

설득시키다, 설복시키다, 믿게 하다

☞ 월급(pay;「페이」)은 그래야(so;「쏘」) 한다고 설득시키다.

πείσω

(페이쏘)

(미래) 내가 설복시킬 것이다.

ἔπεισα

(에페이싸)

(제1부정과거) 내가 설복시켰다.

πιστεύω

믿다

☞ 나는 이 피스톤(「피스튜」오)의 품질을 믿는다.

πιστεύσω

(피스튜쏘)

(미래) 나는 믿을 것이다.

ἐπίστευσα

(에피스튜싸)

(제1부정과거) 나는 믿었다.

πιστός, ή, όν

(형) 믿을 만한, 신실한

☞ 이 피스톤(「피스토」스)은 믿을 만하다.

ἄπιστος, ον

(아피스토스)

믿을 수 없는, 믿지 않는, 믿음 없는

☞ ἀ (부정접두어) + πιστός (믿을 수 있는) = 믿을 수 없는

γάρ

(후치사) 왜냐하면

☞ 왜 갈(「가르」)꺼냐 하면 …

ἔβαλον

내가 던졌다

βάλλω (내가 던지다)의 제2부정과거

☞ 애(「에」)가 발로(「발론」) 던졌다.

ἐγενόμην

(dep) 내가 되었다

γίνομαι 의 제2부정과거

☞ 에게해(「에게」; Aegean Sea)에는 아무도 없게(「노맨」; no man) 되었다.
   (해적들 때문에…).

ὁράω

보다

☞ 내가 호랑이를(「호라」오) 보다.

εἶδον

내가 보았다

βλέπω 혹은 ὁράω의 제2부정과거

☞ 내가 이 돈(에「이돈」)을 보았다.

12

εἶπον

내가 말했다

λέγω 의 제2부정과거

※ εἶδον (내가 보았다)과 εἶπον (내가 말했다)이 혼동될 것 같지만 보는 것은 「돈」 (money)이고 말하는 것은 「폰」(phone)이므로 쉽게 구별이 됩니다.

ἔλαβον

내가 취했다

λαμβάνω 의 제2부정과거

☞ 애를 낳아 본(「엘라본」) 사람이 신생아를 취했다.

ἦλθον

내가 왔다, 내가 갔다

ἔρχομαι 의 제2부정과거

☞ 총으로 애를 쏜(「앨쏜」) 놈이 드디어 왔다.

ἤνεγκα

내가 데려왔다, 가져왔다

φέρω 의 제1부정과거

(불규칙동사라서 제2부정과거일 것 같지만 마지막이 '아' 발음으로 끝나

면 제1부정과거라고 부릅니다.)

☞ 애를 내 차(「애넹카」; car)로 데려왔다.

λείπω

떠나다, 버려두다

☞ 이 포(砲)를 (레「이포」) 버려두고 떠나다.

ἔλιπον

내가 떠났다. 내가 버려두었다.

λείπω 의 제2부정과거

☞ 코끼리(「엘리폰」; elephant)를 버려두고 떠났다.

ὄψομαι

(dep) 내가 볼 것이다

βλέπω 혹은 ὁράω 의 미래

☞ '어서 옵쇼'(「옵소」마이)하는 사람을 보게 될 것이다.

πίπτω

떨어지다.

☞ 피(「핍」)가 톡톡(「토」) 떨어지다.

ἔπεσον

☞ 비행기가 에베소(「에페손」)에 떨어졌다.

προσφέρω

(프로스페로)

··· 에게 데려가다, ··· 에게 가져가다

☞ πρός (···에게) + φέρω (데려가다) = ···에게 데려가다

ἀναλαμβάνω

(아나람바노)

들어올리다

☞ ἀνά (위로) + λαμβάνω (취하다) = 들어올리다

ἐβλήθην

내가 던져졌다.

βάλλω 의 부정과거 수동태

☞ 애가(「에」) 불에 쎄게(「블래쌘」) 던져졌다.

ἐγενήθην

내가 되었다.

γίνομαι 의 부정과거 수동태

☞ 애가(「에」) 게네(「게네」)들의 쎈(「쌘」) 보호자가 되었다.

ἐγνώσθην

내가 알려졌다.

γινώσκω 의 부정과거 수동태

☞ 달걀(「에그」; egg)이 북쪽(「노스」쌘; north)에도 알려졌다.

ἐδιδάχθην

(에디닥샌)

내가 가르침을 받았다.

διδάσκω 의 부정과거 수동태

☞ 규칙적입니다.

ἐκηρύχθην

(에캐뤽샌)

내가 선포되었다, 전파되었다.

κηρύσσω 의 부정과거 수동태

☞ 규칙적입니다.

ἐλήμφθην

내가 취하여졌다.

λαμβάνω 의 부정과거 수동태

☞ (매달려 있던) 애가 램프(「에램프」)에서 쌘(「쌘」) 사람에 의해 취하여
졌다.

ἐπορεύθην

(에포류샌)

내가 갔다.

πορεύομαι 의 부정과거 수동태형(능동의 의미)

☞ 규칙적입니다.

ἠγέρθην

내가 일으킴을 받았다.

ἐγείρω 의 부정과거 수동태

☞ 안데르센(애게「르센」; '인어공주' 작가)이 일으킴을 받았다.

ἠκούσθην

내(목소리, 소리)가 들렸다.

ἀκούω 의 부정과거 수동태

☞ 에쿠스(「애쿠스」) 자동차의 쎈(「센」) 소리가 들렸다.

13

ἠνέχθην

내가 데려가졌다.

φέρω 의 부정과거 수동태

☞ 애가(「애」) 넥센(「넥쌘」) 야구팀에 데려가졌다(스카웃 되었다).

ἤχθην

내가 인도함을 받았다. 인도되었다.

ἄγω 의 부정과거 수동태

☞ 지방 액센트(「액쌘」)가 쎈 사람에게 인도되었다.

ὤφθην

내가 보여졌다.

βλέπω 혹은 ὁράω 의 부정과거 수동태

☞ 옵셋(「오프쌘」) 인쇄물(offset printing)이 보였다.

ἀγιάζω

거룩하게 하다, 깨끗이 하다

☞ 하기야(「하기아」) 거룩하게 하는 게 좋(「조」)지요.

ἁγιασμός

거룩함, 성화

☞ 스모 선수(하기아「스모」스)의 성화

ἅγιος, α, ον

(형) 거룩한

☞ 거룩한 하기스(「하기오스」) 기저귀

οἱ ἅγιοι

(호이 하기오이)

성도들

αἷμα, αἵματος, τό

피[血]

☞ 하! 이마(「하이마」)에 피 좀 봐.

αἰών, αἰῶνος, ὁ

시대

☞ 이제는 이온(아「이온」)음료의 시대이다.

εἰς τὸν αἰῶνα

(에이스 톤 아이오나)

영원히

εἰς τοὺς αἰῶνας τῶν αἰώνων

(에이스 투스 아이오나스 톤 아이오논)

영원무궁토록

ἄρχων, ἄρχοντος, ὁ

(아르콘, 아르콘토스)

왕, 통치자, 관원

☞ 정신병에 걸려서 아르곤(「아르콘」; argon) 가스를 흡입하는 왕

※ arch: 첫째의, 가장 높은, archangel(대천사), archbishop(대주교), patriarch(족장, 원로, 교황)

γράμμα, γράμματος, τό

문자, 글, 문서

☞ 그람, 마(「그람마」), 니가 글을 써라.

※ telegram(전보): 먼(tele) 곳에 글(gram)을 보내는 것

ἐλπίς, ἐλπίδος, ἡ

소망

☞ 평화(엘「피스」; peace)는 모든 이들의 소망

ἐλπίζω

소망하다, 기대하다

☞ 피조개(엘「피조」)를 맛볼 것을 기대하다.

θέλημα, θελήματος, τό

뜻(단어의 뜻이 아니라 주님의 뜻이라고 할 때의 뜻)

☞ 셀로판(「쎌레」마) 테이프로 붙이는 것이 내 뜻이다.

νύξ, νυκτός, ἡ

밤(night)

☞ 눅눅(「뉙」스)해지는 밤

ὄνομα, ὀνόματος, τό

이름

☞ 요놈아(「오노마」), 네 이름이 뭐냐?

ὀνομάζω

이름 짓다

☞ 요놈아(「오노마」), 네 이름은 조(「조」; Joe)라고 지었다.

14

πνεῦμα, πνεύματος, τό

영, 성령

☞ 퓨마(「프뉴마」)의 영

πνευματικός, ἡ, οὐ

(프뉴마티코스)

영적인

☞ 퓨마(「프뉴마」)와 함께 티코(「티코」스)를 타고 다니는 영적인 사람

ῥῆμα, ῥήματος, τό

말, 말씀

☞ 그래 마(「래마」) …, 네 말이 맞다(사투리).

σάρξ, σαρκός, ἡ

살, 육체

☞ 쌀, 억수로(「싸륵스」) 먹으면 살이 된다.

σῶμα, σώματος, τό

몸, 신체

☞ 우리의 소망(「쏘마」)은 몸이 아니다.

προσέρχομαι

(프로세르코마이)

(dep) … 에게 오다, … 에게 가다(+ 여격)

☞ πρός (… 에게) + ἔρχομαι (가다) … 에게 가다.

※ 전치사만 알면 금방 외울 수 있는 단어이지만 주의할 것이 있습니다. 즉 전치사 '프로스'는 목적격을 취하지만 '프로세르코마이'는 여격을 취한다는 것입니다. 그러므로 「내가 여자에게로 간다」로 외우십시오.

ὤν, οὖσα, ὄν

있는(being). εἰμί 의 현재분사

☞ 온(「온」) 백성이 우산(「우사」)도 없이 온(「온」) 종일 거기 있다(미스바 성회를 생각하십시오).

ἀγαγών

인도한 후

ἄγω 의 제2부정과거 능동태 분사

☞ 아가(「아가」)를 곤(「곤」)히 잘 수 있는 곳으로 인도한 후

ἀπέθανον

내가 죽었다

ἀποθνήσκω 의 제2부정과거

☞ 앞에 쌓아 놓은(「아페싸논」) 짐에 깔려 내가 죽었다.

ἀπεκρίθην

내가 대답했다.

ἀποκρίνομαι 의 제2부정과거(데포넌트 형)

☞ 앞에(「아페」) 있던 그리스인(「크리쌘」)이 대답했다.

εἰπών

말한 후에

λέγω 의 제2부정과거 능동태 분사

☞ εἶπον (내가 말했다)과 분사어미 ών 을 기억하시면 됩니다.

ἐλθών

(엘쏜)

온 후에

ἔρχομαι 의 제2부정과거 분사

☞ ἦλθον (내가 왔다, 내가 갔다)를 기억하시되 직설법 제2시상에 붙는
접두모음 ε 이 탈락하여 단모음이 된 것에 유의하십시오.

ἤνεγκα

내가 데려왔다, 가져왔다

φέρω 의 제1부정과거 (불규칙적이어도 마지막이 '아' 발음으로 끝나면
제1부정과거입니다.)

☞ 애를 내 차(「애넹카」; car)로 데려왔다.

ἐνεγκών

(에넹콘)

데려온 후

φέρω 의 제2부정과거 능동태 분사

☞ 바로 앞 단어의 분사형으로서 규칙적입니다.

εἶδον

내가 보았다

βλέπω 혹은 ὁράω 의 제2부정과거

☞ 애가 이 돈(「에이돈」)을 보았다.

ἰδών

본 후에

βλέπω 혹은 ὁράω 의 제2부정과거 능동태 분사

☞ 내가 이 돈(「이돈」)을 본 후에

　　위의 εἶδον 의 분사형(직설법에 붙는 접두모음은 탈락함)

γραφείς

기록된 후

γράφω 의 제2부정과거 수동태 분사

☞ 그래프에 얼굴(「그라페이스」)형이 기록된 후

ἐκεῖ

(부) 저기, 거기

☞ 저기서 애가 케이오(「에케이」) 되었다.

εὐθέως, εὐθύς

(유쎄오스, 유쒸스)

(부) 곧, 즉시

☞ 옻이(「유쒸」스) 곧 나올꺼야.

15

ἱμάτιον, τό
옷, 겉옷
☞ 희망(「희마」티온)의 옷

οἰκία
집(οἶκος 와 같은 말)
☞ 오이 키우(「오이키아」)는 집

παιδίον
어린 아기, 어린 애
☞ 파이(「파이」) 사먹을 돈(「디온」)을 가지고 있는 어린 애

παιδεύω
가르치다, 징계하다
☞ 파이가 먹고 싶으면 '파이 주오'(「파이듀오」)라고 말하라고 가르치다.

στρατιώτης, ου
군인, 병졸
☞ 그곳 근무는 어땠어(스트라티「오태스」)?라고 군인에게 묻다.

전략(「스트라티」오태스; strategy)에 뛰어난 군인

※ 실제로 전략(strategy)이라는 단어의 어원입니다. 전술은 tactics입니다.

στρατηγός

명령자, 집정관

☞ 태고(스트라「태고」스; 太古)에도 명령자는 있었다.

φυλακή

파수, 감옥

☞ 부리나케(「필라케」) 감옥으로

δίκαιος, α, ον

(형) 의로운, 옳은

☞ 디카(「디카」이오스; 디지털 카메라) 상인은 의롭다.

δικαιοσύνη

의(義), 의로움

☞ 디카(「디카」이오쉬내) 상인의 의로움

δικαίωμα

규정, 의로운 행실

☞ 디카(「디카」) 상인이 이 오마니(「이오마」)에게 베푼 의로운 행실

ἀδικία

불의(不義)

☞ 불의와 의로움 사이의 거리는 아득해(「아디키아」)

　‘아’는 반대의 뜻을 나타내는 접두어

ἄδικος, ον

불의한, 불공평한

☞ 불공평한 아득히 먼 코스(「아디코스」)

ἀδικέω

잘못하다, 나쁜 짓을 하다

☞ 나쁜 짓을 바로잡으려면 아직도 아득해요(「아디케오」).

εἰ

(에이)

만일(if) + 직설법과 함께 사용

☞ 다음 단어 참조

ἐάν

(에안)

만일(if) + 가정법과 함께 사용

☞ if가 둘입니다. 문장이 직설법일 때는 ‘에이’, 가정법일 때는 ‘에안’을
　사용합니다. 그리고 ‘에이’에는 「 … 인지 아닌지」라는 뜻도 있습니다.

그러므로 다음과 같이 세 가지를 한꺼번에 외우십시오. '만일 에이즈면(「에이」+「직」설법) 애 안 가져(「에안」+「가정」법). 정말이야? 에이(「에이」), 가질지 안 가질지 모르겠다.'

εὐαγγελίζομαι

(유앙겔리조마이)

(dep) 복음 전하다

(전하는 것의 목적격, 전파받는 자의 여격이나 목적격을 취한다)

☞ εὐαγγέλιον (복음)의 동사형. 여격(…에게)도 우리 말로는 당연한 것입니다.

ἵνα

(접속사) + 가정법, … 하기 위하여

☞ 희희낙낙(「히나」)한 가정(「가정」법)을 꾸미기 위하여

λαός

백성

☞ 라오스(「라오스」; 인도차이나반도 서북부의 나라)의 백성

λοιπός, ή, όν

(형) 남은

☞ 이 포수는(로「이포스」) 남아 있겠답니다.

οἱ λοιποί

(호이 로이포이)

남은 자들

μακάριος, α, ον

(형) 복된, 행복스런

☞ 마가(「마카」리오스)복음은 복된 복음이다.

μαρτυρία

증거

☞ 마루 뒤(「마르튀」리아)에서 증거를 찾아내다.

μαρτύριον

(마르튀리온)

증거, 증인, 증명

☞ 마루 뒤(「마르튀」리온)에서 나온 증거

μαρτυρέω

증거하다, 증언하다

☞ 그건 마루 뒤래요(「마르튀레오」)라고 증언하다.

μάρτυς, υρος, ὁ

증인

☞ 마루 뒤(「마르튀」스)에 있는 증인

μηδέ

또 아니, 역시 아니

(직설법 이외의 법에서 사용됩니다. 직설법일 때는 οὐδέ 입니다)

☞ 매 대학(「매데」)마다 다 떨어졌다. 또 아니야 …

μηδέ … μηδέ

… 도 … 도 모두 아니(neither … nor …)

☞ 이 매대(「매데」; 판매대)도 아니고 저 매대(「매데」)도 아니고 …

οὐκέτι

(부) 이제는 아니, 더는 아니 (직설법에서 사용)

☞ 웃기지(「우케티」) 마, 이젠 더 이상 안돼 …

μηκέτι

(매케티)

(부) 더 이상 아니, 더는 아니 (직설법 이외의 법에서 사용)

ὄχλος

무리, 군중

☞ 오, 큰일났어!(「오클로스」) 군중들이 몰려오고 있어.

δεῖ

(비인칭 동사) … 은 필요하다, … 해야 한다(3인칭에만 사용)

(주어의 형태는 목적격, 동사의 형태는 부정사를 취합니다.)

☞ 날(「데이」; day)마다 필요하다.

　혹은 날(「데이」; day)마다 부정한 나무(「부정」사와 「목」적격)가 필요하다.

ἔξεστι(ν)

(비인칭동사) … 이 합당하다(여격과 부정사를 취한다)

☞ 그런 엑세서리(「엑세스티」)는 부정한 여인(「부정」사와 「여」격)에게 합당하다.

θέλω

바라다, 원하다

☞ 나는 셀로판테이프(「셀로」)를 원한다.

Ἰησοῦς, Ἰησοῦ

(예수스)

예수님

Ἰουδαῖος

(유다이오스)

유대인

κελεύω

명령하다

☞ 고구마를 캘(「켈」류오) 것을 명령하다.

κώμη

마을, 고을

☞ 꼬맹이(「코매」)들이 사는 마을

μέλλω

··· 하려 한다

☞ 멜로(「멜로」) 드라마를 보려고 한다.

17

ὀφείλω

빚지다, … 해야 한다

☞ 오, 급료가(「오페이」; pay) 낮기(「로」; low) 때문에 빚을 져야 해요.

πάσχω

고난당하다, 견디다

☞ 파스(「파스」)를 코(「코」)에 붙이도록 고난당하다.

σωτηρία

구원

☞ 롯데리아(「쏘태리아」)에서 외친 구원

σωτήρ, ῆρος, ὁ

구원자, 구주

☞ 솥에(「소태」르) 계신 구원자

Φαρισαῖος

(파리사이오스)

바리새인

Χριστός

(크리스토스)

그리스도

ἀκολουθέω

따라가다(여격을 취한다)

☞ 콜롯세움(아「코루쎄오」)으로 여자(여격)를 따라가다.

Γαλιλαία

(갈릴라이아)

갈릴리

δηλόω

드러내다, 보여 주다

☞ 어델로(「델로오」) 가서 보여줄까? (관광지)

εὐλογία

(율로기아)

축복

☞ εὐ (좋은) + λόγος (말) = 축복

εὐλογέω

(율로게오)

축복하다, 찬양하다

☞ εὐ (좋은) + λόγος (말) = 축복하다, 찬양하다

εὐχαριστέω

(유카리스테오)

감사하다

☞ εὐ (좋은) + χάρις (은혜) = (좋은 은혜에 대해) 감사하다

ζητέω

구하다, 찾다

☞ 쟤를 태워(「재테오」) 달라고 구하다. 그래서 태우기 위해 찾다.

θεωρέω

보다, 관찰하다

☞ 오래오(쎄「오레오」) 과자를 관찰하다.

καλέω

부르다

☞ 카레(「칼레」오)를 먹으라고 부르다.

※ call과 뜻이 같고 발음도 비슷합니다.

ἐπικαλέω

부르다, 이름짓다

(중간태) 청원하다, 호소하다

☞ ἐπί (…위에서) + καλέω (부르다) = (법정에 올라가서 부르다) 청원하다

애를(「에」) 빛깔로(「피칼」레오) 이름지어 부르다. – 초록아!

παρακαλέω

권고하다, 위로하다

☞ 파라솔(「파라」) 밑에서 함께 카레(「칼레」오)를 먹으며 위로하다.

λαλέω

말하다, 이야기하다

☞ 날래날래(「랄레」오) 말하라우.

περιπατέω

걸어가다

☞ 주변에 있는(「페리」; 전치사) 밭으로(「파테오」) 걸어가다.

ποιέω

행하다, 만들다

☞ 포위(「포이」)를 에워싸며(「에오」) 무기를 만들다.

προσκυνέω

예배드리다(보통 여격을 취한다)

☞ 프로 선수들이(「프로스」)가 퀸에게(「퀸네」오; queen, 여격) 예배드리
다.

σταυρός

십자가

☞ 스타(「스타」; star) 오른쪽(「우로」스)에 서있는 십자가

σταυρόω

십자가에 달다

☞ 스타(「스타」) 오른쪽(「우로」오)에서 십자가에 달다.

τηρέω

지키다

☞ 텔레(「태레」오)비전을 지키다.

τιμάω

존경하다, 공경하다

☞ 우리 팀아(「티마」오), 나는 너희를 존경한다.

φιλέω

사랑하다(원래는 친구간의 사랑을 말한다. 신약성서에서 ἀγαπάω 보다 훨씬 적게 사용된다)

☞ 우리의 우정을 꽃피울레요(「필레오」).

※ 영어의 phil- 이라는 접두어는 사랑을 뜻합니다. philharmonic(음악 애호가), philosophy(철학; phil + sofia 지혜) 등

φίλος, η, ον

(형) 사랑하는, (명) 친구

☞ 필로폰(「필로」스)을 사랑하는 친구

χώρα

지방, 땅, 시골

☞ 고라(「코라」) 자손의 땅

ἀλλήλων

(상호 대) 서로서로의

☞ 알렐루야(「알렐」론)로 서로서로의 기쁨을 표현하다.

ἀποθανοῦμαι

(dep) 내가 죽을 것이다

ἀποθνήσκω (내가 죽다)의 미래

☞ 아파서(「아포」) 싼 움막(「싸누마」이)에서 죽을 것이다.

ἀποκτενῶ

내가 죽일 것이다.

☞ 포크(아「포크」)로 테너(「테노」)를 죽일 것이다.

ἀπέκτεινα

내가 죽었다.

☞ 나는 앞에(「아페」) 끝에(「크테」이나) 있다가 죽었다.

ἀποστέλλω

보내다

☞ 아프(「아포」)다고 하기에 스텔라(「스텔로」) 차를 보내다.

ἀποστελῶ

(아포스텔로)

내가 보낼 것이다.

☞ 내가 '람다'를 하나 뺀 후 보낼 것이다.

※ 미래형은 현재형과 발음은 같은데 '람다' 스펠링이 하나 빠졌다는 점이 다릅니다.

ἀπέστειλα

내가 보냈다.

☞ 앞에(「아페」) 머무르고(「스테일」라; stay) 있던 사람을 보냈다.

αἴρω

들어올리다, 치워 버리다(take away)

☞ 내가 아이를(「아이로」) 들어올려서 안전한 곳으로 치워 버리다.

ἀρῶ

내가 들어올릴 것이다.

☞ 내가 아롱이(「아로」)를 들어올릴 것이다.

ἦρα

내가 들어올렸다.

☞ 에라(「애라」), 난 들어올렸다.

19

βαλῶ

내가 던질 것이다

βάλλω 의 미래형

☞ 내가 '람다' 한 개를 발로(「발로」) 던져버릴 것이다.

※ 미래형은 현재형에 비해 '람다' 한 개가 없습니다.

ἐμαυτοῦ, ἐμαυτῆς

(에마우투, 에마우태스)

(재귀대) 나 자신의(각각 남성, 여성 소유격이며 1, 2인칭에서 중성은 없
    습니다.)

☞ 에마, 세아, 헤아

※ '나 자신의'는 ἐμαυτοῦ '너 자신의'는 σεαυτοῦ '그 자신의'는 ἑαυτοῦ 이며 복수
    ἑαυτῶν 은 1, 2, 3인칭 모두 공통입니다. 그러므로 1, 2, 3인칭의 첫 부분을 아예
    지금 한꺼번에 암기해 두십시오.

σεαυτοῦ, σεαυτῆς

(세아우투, 세아우태스)

(재귀대) 너 자신의(남성, 여성)

☞ 에마, 세아, 헤아.

ἑαυτοῦ, ἑαυτῆς, ἑαυτοῦ

(헤아우투, 헤아우태스, 헤아우투)

(재귀대) 그 자신의, 그녀 자신의, 그것 자체의

☞ 에마, 세아, 헤아

ἑαυτῶν

(헤아우톤)

(재귀대) 우리들 자신의, 너희들 자신의, 그들 자신의

αὐτοῦ

그 자신의(강기식에 유의)

☞ 어떻게(「하우투」; how to) 그 자신의 문제를 해결하지?

※ ἑαυτοῦ 의 단축형입니다.

ἐγερῶ

내가 일으킬 것이다.

ἐγείρω 의 미래형

☞ 나에게로(「에게로」) 오는 자는 내가 일으킬 것이다.

ἤγειρα

내가 일으켰다.

☞ 애가 게을러(「애게이라」), 그래서 내가 일으켰다.

ἔσομαι

내가 있을 것이다

εἰμί 의 미래형

☞ 애(「에」)에게는 소망이(「쏘마이」) 있을 것이다.

μενῶ

내가 머물 것이다.

μένω 의 미래형

☞ 등이 휘어지도록(서컴플렉스 악센트) 머물 것이다.

ἔμεινα

내가 머물렀다.

☞ 에미(「에메이」)와 나(「나」)는 머물렀다.

μετανοέω

회개하다

☞ μέτα (나중에) + νοέω (생각하다) = (나중에 생각해 보고) 회개하다.

늘 맡아 놓고(「메타노」) 에오에오(「에오」) 회개하다.

μετάνοια

회개

☞ 맡아 놓은(「메타노」이아) 회개

σπείρω, σπερῶ, ἔσπειρα, ἐσπάρεν

(스페이로, 스페로, 에스페이라, 에스파렌)

씨뿌리다(현재, 미래, 부정과거 능동태, 부정과거 수동태)

☞ 스프레이로(「스페이로」) 씨를 뿌리다.

φοβέομαι

(dep) 무서워하다, 두려워하다

☞ 코를 베어(포「베오」마이)갈까봐 두려워하다.

※ –phobia(… 에 대한 두려움), claustrophobia(폐소[閉所]공포증), acrophobia(고소 [高所]공포증) 등

ἀνήρ, ἀνδρός

남자, 어른

(ἀνήρ 는 여자나 아이들과 구별하여 남자를 일컬을 때 사용하는 단어 이고, ἄνθρωπος 는 다른 사물들과 구별하여 인간을 일컬을 때 사용하 는 단어입니다.)

☞ 남자는 아내를(「아내르」) 잘 얻어야 한다.

※ 잘 안 알려진 단어이긴 하지만 polyandry는 일처다부(一妻多夫)라는 뜻입니다.

ἱερεύς, ἱερέως

제사장

☞ 해류(「히에류」스; 海流)를 잘 아는 제사장

ἀρχιερεύς, ἀρχιερέως
(아르키에류스, 아르키에레오스)

대제사장

☞ ἀρχ (arch; 최고의) + ἱερεύς (제사장) = 대제사장

20

βασιλεία

왕국, 나라

☞ 실례(바「실레」이아)합니다. 하나님 나라가 어느 쪽에 있나요?

βασιλεύς, βασιλέως, ὁ

왕

☞ 툭하면 뉴스(바실「류스」)에 나오는 왕

βασιλεύω

(바실류오)

다스리다, 통치하다

γένος, γένους, τό

민족, 종족

☞ 걔네(「개노」스) 민족

γραμματεύς, γραμματέως

서기관, 율법학자

☞ 문법(「그람마」튜스; grammar)을 잘 아는 서기관

ἔθνος, ἔθνους, τό

민족, 국가

☞ 애쓰는(「에쓰」노스) 민족

τὰ ἔθνη

(타 에쓰내)

이방 사람들

☞ 이방 사람들도 다 애쓰네(「타 에쓰내」).

μήτηρ, μητρός

(매태르)

어머니

☞ mother와 비슷합니다.

πατήρ, πατρός

(파태르)

아버지

☞ father와 비슷합니다.

ὄρος, ὄρους, τό

산(山)

☞ 오로지(「오로」스) 산

πίστις, πίστεως, ἡ

믿음

☞ πιστός (신실한)는 형용사이고 πίστις (믿음)는 명사입니다. 구별하는 방법은 '이것이(피스「티스」; this) 믿음'입니다.

πλήρης, ες

(형) 가득한, 충만한

☞ 풀에(「플래」래스) 가득한 벌레들

πόλις, πόλεως

도시, 성

☞ 경찰(「폴리스」; police)이 도시를 포위했다.

고대 그리스의 폴리스(도시국가)를 기억하십시오.

χάρις, χάριτος, ἡ

은혜

☞ 칼이(「카리」스) 잘 드는 것도 은혜이다.

χαρίζομαι

거저 주다, 용서하다

☞ 은혜로(「카리」) 거저 주다(「조」마이).

δύο

둘

☞ 뒤에 오는(「뒤오」) 두 사람

※ duo(이인조), dual(이중의), dualism(이원론), duet(이중창) 등

εἷς, μία, ἕν

하나

☞ 헤이(「헤이스」)! 나에게(「미」아; me) 암탉(「헨」; hen) 한 마리만 주게나!

ἕξ

(불변) 여섯

☞ 핵폭탄들은(「헥스」) 여섯 개다.

ἕκτος, η, ον

(헥토스)

여섯 번째

☞ 여섯 번째 토스(헥「토스」)

21

ἔτος, ἔτους, τό

해[年]

☞ 에, 또(「에토」스) 한 해가 지났군.

ἤ

(접) 또는, … 보다(than)

☞ 애(「애」) 또는 어른, 애보다 어른

ἤθελον

(애셀론)

내가 원했다.

θέλω (내가 원하다)의 미완료과거 직설법

☞ 접두모음을 제외하고는 규칙적입니다.

Ἰάκωβος

(야코보스)

야고보

καθαρός, ά, όν

(형) 깨끗한, 순결한

☞ 집은(「카싸」로스) 항상 깨끗해야 한다.

※ 스페인어로 casa(까싸)는 「집」입니다. casa mia(까싸 미아; 나의 집), casa blanca(까싸 블랑까; 하얀 집)

καθαρίζω

깨끗하게 하다

☞ 싸리비(카「싸리」조)로 깨끗하게 하다.

μέγας, μεγάλη, μέγα

(메가스, 메갈래, 메가)

(형) 큰, 위대한

☞ mega- (큰, 대형의), megaphone(확성기)

οὐδείς, οὐδεμία, οὐδέν

한 사람도 없다, 하나도 없다(직설법과 함께)

☞ 어디 있어?(「우데이스」) 한 사람도 없네!

μηδείς, μηδεμία, μηδέν

한 사람도 없다, 하나도 없다(직설법 외의 모든 법에서)

☞ 메데(「매데」이스; 메데 파사 제국) 사람은 한 사람도 없다.

ὀλίγος, η, ον

(형) 작은, 적은

☞ 작은 것은 올리고(「올리고」스) …

πᾶς, πᾶσα, πᾶν

(형) 모든, 각(every)

☞ 모든 파스(「파스」)를 다 붙여라.

πέντε

(불변) 다섯

☞ 펜타곤(「펜테」; 미 국방성)은 오각형이다.

※ 실제로 미 국방성은 오각형(pentagon)으로 지어졌기 때문에 펜타곤이라고 불립니다.

πεντακισχίλιοι, αι, α
(펜타키스킬리오이)

오천(五千)

☞ πέντε (5) + χίλιοι (1,000) = 5,000

※ 「킬리오이」는 천(千)을 뜻하는 영어 접두사 kilo-를 생각하시면 됩니다.

πλῆθος, πλήθους, τό

군중, 무리

☞ 배가 고파서 풀에(「플래」) 쏘스(「쏘스」)를 발라 먹는 군중들

πολύς, πολλή, πολύ

(폴뤼스, 폴래, 폴뤼)

(형) 많은

☞ 많은 경찰(「폴뤼스」; police)

※ 영어의 poly- (많은)를 생각하십시오. polyglot(다국어의), polygamy(일부다처[一夫多妻]), polyandry(일처다부[一妻多夫]) 등. -andry와 대조되어 있어서 -gamy의 뜻이 「여성, 부인」일 것 같지만 사실 그 어원은 「결혼」(γάμος)입니다.

πούς, ποδός, ὁ

발[足]

☞ 풍(「푸」스) 포도(「포도」스)밭에 빠진 발

στάδιον, τό

(스타디온)

스타디온(약 192 미터)

(복수는 τά στάδια 또는 οἱ στάδιοι)

☞ 영어 stadium(스타디움, 육상경기장)의 어원입니다.

τρεῖς, τρία

(트레이스)

셋

☞ three와 쉽게 연결이 될 것입니다.

τριάκοντα

(무변화) 삼십(30)

☞ 나무(「트리」아)에 있는 콩(「콘」타)은 30개이다.

22

τέσσαρες, α
넷

☞ 테트리스(「테싸레스」; 컴퓨터 게임) 게임은 정사각형 네 개로 만든 도형들로 이루어져 있습니다.

τεσσαράκοντα
(무변화) 사십(40)

☞ 알리바바와 40인의 도둑이 댓 사람(「테싸라」)의 콩(「콘」타)을 훔쳤다.

τέταρτος, η, ον
넷째

☞ 대타(「테타」르토스)가 4번(넷째) 타자를 대신한다.

ὡς
(부) 같이, (+ 수사) 약(about), … 때에

☞ 호수(「호스」)에서 「같이」「약」 먹을 「때에」

αἰτέω

요구하다, 요청하다

☞ 아이를 태워(「아이테오」) 달라고 요청하다.

ἐπερωτάω

물어보다

☞ 에펠탑(「에페로타오」)이 어디 있냐고 물어보다.

ἐρωτάω

물어보다, 요구하다

☞ 애로(「에로」타오)사항을 묻길래 이것 저것을 요구하다.

καρπός

열매

☞ 잘 익은 열매에 칼을 폭(「카르포」스)!

κρίσις, κρίσεως, ἡ

재판, 정죄

☞ 위기(「크리시스」; crisis) 속에서 열린 재판

ὅπου

(관계 부) … 곳에서

☞ 호프집(「호푸」)에서

ὅς, ἥ, ὅ

(관계 대) 누구, 어느

☞ 3인칭 대명사 αὐτός, αὐτή, αὐτό 의 어미만을 떼어낸 후 강기식을 붙인 것입니다.

ὅτε

(관계 부) … 때

☞ 호텔(「호테」)에 있을 때

ὅταν

(ὅτε + ἄν)

언제든지, … 때(가정법을 취한다)

☞ 폭탄(「호탄」)이 가정집(가정법)에 떨어질 때는 언제든지 …

οὖν

(접) 그러므로, 그리하여

(δέ 나 γάρ 와 같이 후치사이다.)

☞ 운(「운」) 애에겐 그러므로 선물을 안 주신데요.

πίνω

마시다

☞ 피노(「피노」)키오가 마시다.

πίομαι

(피오마이)

내가 마실 것이다.

(불규칙적인 미래)

ἔπιον

(에피온)

내가 마셨다.

(제2부정과거)

ποῦ

(의문 부) 어디서?

☞ 푸는(「푸」) 곳이 어디냐?

※ ὅπου 는 관계부사이고 ποῦ 는 의문부사입니다. 즉 영어로는 같은 where이지만 This is the house 'where' Tom lives in.(이것이 톰이 살고 있는 집이다.) 의 경우에 는 ὅπου 이고 'Where' is your hometown?(당신의 고향은 어디입니까?) 의 경우에 는 ποῦ 입니다.

23

πῶς

(의문 부) 어떻게?

☞ 포수(「포스」)가 어떻게 쐈다고?

πώς

혹시나, 아무튼, 여하튼

☞ 포수(「포스」)여 아무튼 점(악센트)을 찍어라.

φῶς, φωτός, τό

빛

☞ 포(「포」스)를 쏘면 빛이 생긴다. 이 때 사진(「포토」스; photo)을 찍으
면 된다.

※ 우리 발음으로는 발음이 같은 단어들이 세 개가 나왔습니다.

φῶς 빛

πῶς (의문 부) 어떻게?

πώς 혹시나, 아무튼, 여하튼

제일 앞 철자에 동그라미가 있는 것은(φ) 「포」이고 두 다리로 선 것은(π)
포수입니다. 포를 쏘면 「빛」이 나고 포수는 「어떻게」 총을 쏘아야 할 지
를 압니다. 그런데 πώς (혹시나, 아무튼, 여하튼)라는 단어도 있습니다.

πῶς 와 πώς 는 악센트 하나 차이입니다. 이것을 구별하는 방법은 「포 수여, 아무튼 점을 찍어라」로 외우는 것입니다. 즉 어큐트(acute) 악센트 가 있는 것이 「아무튼」입니다.

τις, τι
(부정대명사) 어떤 사람, 어떤 것
☞ 아무 점없는 티스푼(「티스」푼)을 든 어떤 사람

τίς, τί
(의문대명사) 누구? 무엇?
☞ 티스푼(「티스」)에 점 찍은 게 누구라고?

※ τίς 와 τις 는 발음으로는 구별이 되지 않습니다. 그러므로 오직 악센트가 있느냐 없느냐로 구별을 해야 합니다. 그래서 위와 같은 문장으로 악센트 있는 것이 의문 대명사임을 강조하는 것입니다.

φάγομαι
내가 먹을 것이다.
ἐσθίω 의 미래형
☞ 내가 파고다(「파고」마이) 공원에서 먹을 것이다.

ἔφαγον
내가 먹었다.
☞ 애가(「에」) 팝콘(「파곤」)을 먹었다.

ἀγρός

밭, 들

☞ 악으로(「아그로」스) 일군 밭

γῆ

지구, 땅(모든 변화에 써컴플렉스 악센트가 붙는다)

☞ 개(「개」)들의 땅

ἐγγύς

(부) 가까이서

☞ 안기려면(「엥귀」스) 가까이 있어야지.

ἐγγίζω

가까이 가다

☞ 가까이 가서 안기죠(「엥기조」).

ἐλεέω

불쌍히 여기다

☞ 얼레? 에오(「엘레에오」) 불쌍해라.

ἔλεος, ους, τό

(엘레오스)

측은, 자비, 긍휼

ὅσος, η, ον

(관계형용사) … 만큼 큰, … 만큼 많은

☞ 호소(「호소」스)력이 그만큼 큰

ὅστις, ἥτις, ὅτι, 복수는 οἵτινες

(부정관계대명사) 누구든지, 어떤 것이든지

(주격 이외에는 별로 쓰이지 않고 관계대명사 ὅς 와 비슷하게 사용된다.)

☞ 호스티스(「호스티스」)는 누구든지

οὖς, ὠτός, τό

귀

☞ 우스(「우스」)운 이야기를 들으면 자동으로(「오토」스; auto) 귀가 솔깃하다.

ὀφθαλμός

눈

☞ 살모사(옵「살모스」)의 눈

※ optical(눈의)

σκότος, σκότους, τό

어두움

☞ 스커트(「스코토」스)는 어두운 색이다.

σκοτία

(스코티아)

어두움, 흑암

☞ 스코틀랜드(「스코티」아)에 찾아온 흑암

24

ὕδωρ, ὕδατος, τό

물

☞ 베데스다 연못의 물을 휘휘 돌리다(「휘도르」).

ἀκήκοα

내가 들었다.

ἀκούω 의 완료 능동태 직설법

☞ 아, 걔가 고아(「아캐코아」)라는 말을 들었어?

γεννάω

낳다

☞ 걘 나오(「겐나오」)는 대로 다 낳는다.

ἔγνωκα

내가 알았다.

γινώσκω 의 완료 능동태 직설법

☞ 에그(「에그」)! 차가 없다(「노카」). 너는 알았니?

ἐλήλυθα

내가 갔다. 내가 왔다.

ἔρχομαι 의 완료 직설법

☞ 엘에이로(「엘렐뤼」) 짐 싸들고(「싸」) 왔다.

ἐρρέθην

내가 언급되었다.

내가 말하다(λέγω)의 부정과거 수동태 직설법

☞ 안데르쎈(「에르」레「쌘」) 동화가 언급되었다.

ἑώρακα

내가 보았다.

내가 보다(βλέπω, ὁράω)의 완료 능동태 직설법

☞ 해 오르는(「헤오라」; sunrise) 것을 차(「카」)에서 보았다.

θνήσκω

죽다

☞ 죽는다고 생각하니 기분이 쓰네(「쓰내」스코).

τέθνηκα

내가 죽었다.

☞ 테스네 차(「테쓰내카」; 테스는 소설의 여주인공)에 치어 죽었다.

Πέτρος

(페트로스)

베드로

πληρόω

이루다(fulfill)

☞ 플랜(「플래」로오)대로 이루다.

ἐμός, ή, όν

(소유형용사) 나에게 속한, 나의

☞ 나의 애무(「에모」스)

ἡμέτερος, α, ον

(소유형용사) 우리에게 속한, 우리의

☞ 헤매(「해메」테로스)는 우리에게 속한

σός, ή, όν

(소유형용사) 네게 속한, 너의

☞ 소스(「소스」)는 너의 것

ὑμέτερος, α, ον

(휘메테로스)

너희에게 속한, 너희의

☞ ὑμεῖς (너희)를 기억하십시오.

ἔμπροσθεν

(부) 앞에, (전) 앞에서(+ 소유격)

☞ 소가 앰프(「엠프」로스쎈) 앞에서 (춤을?)

ἔξω

(엑소)

(부) 밖에, 밖에서

☞ 전치사 ἐξ (+ 소유격 = 밖으로)를 기억하시면 됩니다.

ἐχθρός

원수

☞ 엑스(「엑쓰」로스, X)는 원수이다.

25

ἴδιος, α, ον

(형) 자신에게 속한, 자신의

☞ 이디오피아(「이디오」스)인 자신에게 속한

ἱκανός, ή, όν

(형) 충분한, 값있는, 상당한

☞ 이 카누(「히카노」스)는 충분히 값있는 것이다.

ἰσχύς, ύος, ἡ

힘, 능력

☞ 이 스키(「이스퀴」스)를 탈 수 있는 힘

ἰσχύω

할 수 있다, 승리하다

☞ 이 스키(「이스퀴」오)를 타고 승리할 수 있다.

ἰσχυρός, ά, όν

강한

☞ 이 스키(「이스퀴」로스)는 강하다.

ἰσχυρότερος, α, ον

더 강한(원급 + 비교급을 만드는 접미어 τερος)

☞ 이 스키로(「이스퀴로」) 더 강한 테러(「테로」스)를 막을 수 있다.

καλῶς

(부) 잘

☞ 칼로(「칼로」스) 잘 썰어보세요.

κρείσσων, ον

더 좋은 (ἀγαθός의 비교급)

☞ 그래 이 손(「크레이손」)이 더 좋아.

μᾶλλον

(부) 더욱, 오히려

☞ 말로는(「말론」) 오히려 더욱 …

μείζων, ον

더 큰(μέγας의 비교급)

☞ 메이져(「메이존」) 리그가 더 크다.

μή

(접) … 할까봐

☞ 매(「매」) 맞을까봐 …

μήποτε

혹시 … 하지나 않을까 하여

☞ 혹시 매를 보태(「매포테」)지나 않을까 하여

ὅπως

… 하기 위하여(가정법을 취하며 ἵνα 와 거의 같다.)

☞ 좋은 포수(「호포스」; 好 砲手)의 가정(가정법)을 이루기 위하여

πάλιν

(부) 다시금

☞ 중고차는 다시 팔린(「팔린」) 차이다.

πλείων, ον

더 많은(πολύς의 비교급)

☞ 경찰(「폴뤼스」)도 많지만 연극에(「플레이」; play) 온(「온」) 관객들이 더 많다.

σάββατον

안식일

☞ 삿바(「삽바」)를 동여(「톤」) 매고 안식일에 씨름을 하다.

※ Sabbath(안식일)

αἰώνιος, ον

(형) 영원한

☞ 아이언맨(「아이오니」오스; iron man)은 영원하다.

δίδωμι

주다

☞ 도미(디「도미」; 생선)를 주다.

ἀποδίδωμι

(아포디도미)

돌려주다, 갚아 주다

☞ ἀπό (… 로부터) + δίδωμι (주다) = (빌렸던 것으로부터) 돌려주다.

26

γυνή, γυναικός

여인

☞ 여인의 귀네!(「귀내」)

※ misogyny(여성혐오증)

ἔγνων

내가 알았다.

내가 알다(γινώσκω)의 제2부정과거

☞ 에, 그 놈(「에그논」), 내가 옛날부터 알았다.

ἐξουσία

권세, 권한

☞ 액수(「엑수」시아)에 해당하는 권한

ἔσχον

내가 가졌다.

내가 가지다(ἔχω)의 제2부정과거

☞ 에스콘(「에스콘」; 가상의 아이스크림 이름)을 내가 가졌다.

ζάω

살다

☞ 자(「자」오)! 여기서 살자.

ἰδού

(지시 불변사) 보라! 볼지어다!

☞ 이두(「이두」) 문자를 보라!

μόνος, η, ον

(형) 유일한

☞ mono drama(일인극), monophobia(고독 공포증)

μυστήριον, τό

(뮈스태리온)

신비, 비밀

☞ mystery 비밀

παραδίδωμι

(파라디도미)

넘겨주다

☞ παρά (곁에) + δίδωμι (주다) = (옆으로) 넘겨주다

πειράζω

시험하다

☞ 페이라(「페이라」; pay)도 줘(「조」)가면서 시험을 해라.

πειρασμός

시험

☞ 스무스(페이라「스모스」)하게 통과한 시험

ποῖος, α, ον

(의문대명사) 어떤 종류의?

☞ 어떤 종류의 포위였을(「포이오스」)까요?

Σίμων, Σίμωνος

시몬(헬라어 발음도 같습니다.)

χείρ, χειρός

손

☞ 게으른(「케이르」) 손

ἀνοίγω

열다

☞ 아, 놔이거!(「아노이고」) 내가 열꺼야!

ἀπόλλυμι 혹은 ἀπολλύω

파괴하다. 중간태 = 멸망하다

☞ 아폴로(「아폴뤼」미, 「아폴뤼」오) 우주선을 파괴하려다가 중간에(중간태) 오히려 내가 멸망하다.

ἀρχή

처음, 태초

☞ 처음부터 아르켜(「아르캐」) 줄게.

ἀφίημι

버려두다, 허락하다, 용서하다

(용서받는 것의 목적격을 취하고, 용서받는 자의 여격을 취한다)

☞ 아픈 애미(「아피애미」)를 나무(목적격) 밑에 버려두다. 그것을 허락하고 용서하다.

δείκνυμι 혹은 δεικνύω

보여주다

☞ 큰 놈이(데이「크뉘미」) 보여주다.

27

εὑρίσκω

찾다, 발견하다

☞ 내가 휴지(「휴리」스코)를 발견하다.

ἐπιτίθημι

(에피티쌔미)

··· 위에 놓다

(놓는 것의 목적격, 놓여지는 것의 여격을 취한다.)

☞ ἐπί (··· 위에) + τίθημι (놓다) = ··· 위에 놓다.

καθώς

(부) ··· 똑같이

☞ 나도 똑같이 갔었어(「카쏘스」).

χρόνος

(크로노스)

때

(καιρός 와 같이 작정된 때가 아니라 보통의 시간을 의미한다.)

☞ chronology(연대기), anachronism(시대착오)

καιρός

(작정한, 계획된) 때

☞ 계획대로 카이로(「카이로」스)에서 만났을 때

μνημεῖον

무덤

☞ 문에 매일 온(「므내메이온」) 나사로의 무덤

μνημονεύω

기억하다

☞ 문에(「므내」) 있던 모녀(「모뉴」오)를 기억하다.

※ monument(기념비, 기념물)

μόνον

(부) 다만, 홀로

☞ 나만 홀로 모눈(「모논」) 종이를 사용한다.

μόνος, 형용사)와 품사가 다르니 주의하십시오.

πῦρ, πυρός, τό

불

☞ 피를(「퓌르」) 흘렸으면 불에 몸을 녹여라.

※ pyrophobia(불 공포증)

σημεῖον, τό

표적, 기적

☞ 세멘트(「새메」이) 위에(「온」; on) 남긴 표적

στόμα, στόματος, τό

입

☞ 도마(스「토마」)의 입

※ 자꾸 영어의 stomach이 연상되는 분들은 「위(stomach)의 입」으로 외우십시오.

τίθημι

두다, 놓다

☞ 수세미(티「새미」)를 놓다.

ὑπάγω

가버리다

☞ 휙하고(「휘파고」) 가버리다.

χαίρω

기뻐하다

☞ 카이로(「카이로」) 시민들이 가위로(「카이로」) 장단 맞추며 기뻐하다.

ἐχάρην

(에카랜)

내가 기뻐하였다

(제2부정과거 수동태 형태)

☞ 애가 차(「에카」랜)를 보더니 기뻐하였다.

ὧδε

(부) 이리로, 여기

☞ 여기 보호대(「호데」)를 대라.

ὥσπερ

(부) 똑같이

☞ 호수(「호스」)에 배를(「페르」) 똑같이 띄웠다.

ὥστε

(접) 그리하여, 그래서

☞ 그래서 호수(「호스」)까지 태워(「테」) 달라고 했구나?

ὅστις, ἥτις, ὅτι, 복수는 οἵτινες

(부정관계대명사) 누구든지, 어떤 것이든지

☞ 호스티스(「호스티스」)는 누구든지

ἵστημι

(타동사) 현재, 미래, 제1부정과거 능동태에서는; 서게 하다

(자동사) 완료(현재의 뜻으로)와 제2부정과거에서는; 서다

☞ 히스테리(「히스태미」) 때문에 벌떡 일어서다.

ἀνίστημι

(아니스태미)

(타동사) 현재, 미래, 제1부정과거 능동태에서는; 일으키다

(자동사) 제2부정과거와 완료 능동태와 중간태에서는; 일어서다

☞ ἀνά (위로) + ἵστημι (서다, 서게 하다) = 일으키다, 일어서다

※ '아나'에서 '나'의 '아' 발음이 없어진 것은 뒤의 '이' 모음과 충돌하여
   생략되었기 때문입니다.

δοκέω

생각하다

☞ 도깨비(「도케」오) 생각을 하다.

δύναμαι

(dep) 나는 … 할 수 있다

☞ 다이나마이트(「뒤나마이」)로는 할 수 있다.

δύναμις, δυνάμεως, ἡ

힘, 능력, 기적

☞ 다이나마이트(「뒤나미」스)의 힘

δυνατός, ή, όν

(뒤나토스)

강한, 가능한

☞ 나토군(뒤「나토」스; NATO)은 강하다.

ἀδύνατος, ον

(아뒤나토스)

할 수 없는, 불가능한

☞ '아'는 부정 접두어

ἔβην

내가 갔다.

내가 가다(βαίνω)의 제2부정과거

☞ 애 밴(「에밴」) 여인이 갔다.

ἕτερος, α, ον

다른

(이것은 종류의 다름을, ἄλλος는 개체의 다름을 가리킨다.)

☞ 해태(「헤테」로스)에서는 뭔가 다른 과자를 생산한다.

※ heterogeneous(이질적인), heteronomy(타율성; ἕτερος [다른] + νόμος [법]).
학교에서 동형염색체를 「호모」, 이형염색체를 「헤테로」라고 배웠던 것을 기억하실 것
입니다.

κάθημαι

앉다

☞ 카세트(「카쌔」마이) 위에 앉다.

οἶδα

알다(완료형이지만 현재의 뜻을 가지고 있다)

☞ 내가 알아, 이건 오이다(「오이다」; cucumber).

ὅλος, η, ον

(형) 모든, 전체의

☞ 홀로(「홀로」스) 모든 것을 …

※ whole 과 발음과 뜻이 비슷합니다.

ὅμοιος, α, ον

(호모이오스)

(형) 같은, 비슷한(비교의 대상이 되는 것의 여격을 취한다.)

☞ homogeneous(동질적인)

ὁμοιόω
(호모이오오)

같게 하다, 비유하다

οὔτε

또 아니

☞ 어때(「우테」)? 또 아냐?(그럼 넌 언제나 결혼할래?)

οὔτε … οὔτε

… 도 아니고 … 도 아니고

παραγίνομαι

가까이 이르다, 도착하다, 오다

☞ παρά (…곁에) + γίνομαι (되다) = (곁에 있게 되다), 가까이 이르다

(꽃을 주문했는데) 해바라기(「파라기」)가 너무 많이(「노마이」) 도착하다.

(29)

φαίνω

비치다, 나타나다

☞ 목이 파인 옷(「파이노」)을 입고 나타나다.

φανερόω

나타내다

☞ 화난(「파」) 네로(「네로」오)가 자신을 나타내다.

φημί

말하다(μι 동사)

☞ 여자들이(「패미」; feminine) 말한다.

ἄν

(이것은 불변사로서 특정한 단어로 번역되지 않는다. 함께 사용되는 동사가 어떤 환경 혹은 조건에 좌우됨을 나타내는 역할을 한다)

☞ 조건에 안(「안」) 좌우된다.

τέ

그리고(후접어로서 καί 보다 약하다)

☞ 때(「테」) 그리고 장소

ἀμήν
(아맨)

진실로, 참으로, 아멘

ἐρῶ

말할 것이다

☞ 나는 애로(「에로」)사항을 말할 것이다.

ἔτοιμος, η, ον

준비된, 예비된

☞ 해(「헤」; sun) 모양의 장난감(「토이」모스)이 준비되어 있다.

ἕκαστος, η, ον

각각의, … 마다

☞ 헤깔(「헤카」스토스)릴 때 마다

ἐκβάλλω
(에크발로)

내던지다

☞ ἐκ (밖으로) + βάλλω (던지다) = 내던지다

δώδεκα

열 둘(12)

☞ 도대체(「도데」카) 제자들은 왜 열둘이지?

ἑπτά

일곱(7)

☞ 씀씀이가 헤프다(「헵타」)고 백설공주가 일곱(7) 난장이들에게 …

κεφαλή

머리, 두목

☞ 너 캡 할래(「케팔래」; captain)? 그럼 이제부터 네가 두목이야.

ἀγαπητός, ή, όν

(아가패토스)

사랑하는, 사랑스러운

☞ 사랑의 토스트(「아가패토스」)

ἀγάπη의 형용사형입니다.

πρεσβύτερος, α, ον

더 늙은, 장로

☞ 항상 눌려서(「프레스」; press) 살과 뼈가 붙어버린(「뷔테」로스) 장로

※ presbyterian church(장로교)

ἀσπάζομαι

인사하다, 경례하다

☞ 오늘 날이 습하죠(아「스파조」마이)? 하고 인사하다.

ἀσπασμός

인사, 문안

☞ 스파(아「스파」; spa)에서 스모 선수들끼리(「스모스」) 나누는 인사

κράζω

부르짖다, 소리지르다

☞ 그러다가 큰일나죠(「크라조」)! 하고 소리지르다.

※ cry와 연결시키면 쉽게 외우실 수 있을 것입니다.

30

μέσος, η, ον
중간의, 가운데의

☞ 매서운(「메소」스) 바람 한가운데서 …

οὐχί
(οὐ의 강세형) 아니(not)

☞ 웃기지(「우키」) 마, 절대로 아냐!

συναγωγή
회당, 집회소

☞ σύν (함께) + ἄγω (인도하다, 데려오다) = 함께 모인 곳, 회당

순이야(「쉬나」), 고개(「고개」) 위에 있는 회당에 좀 다녀 와라.

※ synagogue(회당)

τοιοῦτος, αὐτη, οῦτον
그러한, 그런

☞ 그런 장난감(「토이」우토스, toy)

ὑπάρχω

나는 … 이다, 존재하다

☞ 휘파람(「휘파르」)을 코(「코」)로 부는 사람이 있다.

※ τά ὑπάρχοντα 소유물, 재산

γλῶσσα, ης

혀, 방언, 언어

☞ 그럴싸(「글로싸」)한 방언

δεξιός, ά, όν

오른쪽의

☞ 택시(「덱시」오스) 오른쪽의

διό

그러므로, 그런 까닭에

☞ 디었기(「디오」) 때문에 불을 무서워한다.

ἀγγέλλω

말하다

☞ 천사(「앙겔로」; ἄγγελος 가 천사)가 말하다.

καταγγέλλω

(카탕겔로)

선포하다, 전파하다

☞ κατά (아래로) + ἀγγέλλω (말하다) = (위에서 아래로) 선포하다

ἀπαγγέλλω

고하다, 보고하다

☞ ἀπό (⋯ 로부터) + ἀγγέλλω (말하다) = (사람들로부터 들은 것을 말하다) 보고하다

앞(「앞」)에 있는 천사(「앙겔로」)가 보고하다

ἄρα

그래서, 그러므로

☞ 알아(「아라」), 그래서 이러는 거야.

καθίζω

앉게 하다, 앉다

☞ 같이 좀(「카씨조」) 앉읍시다.

κρατέω

붙잡다, 잡다

☞ 소크라테스(「크라테오」)를 붙잡다.

τρίτος, η, ον

셋째

☞ 세 번째 토스(「트리토스」; three)

φόβος

두려움, 무서움

☞ 훈련병들은 포복(「포보」스)에 대해 두려움을 지니고 있다.

※ acrophobia(고소공포증), claustrophobia(폐소공포증), monophobia(고독공포증)

χρεία

필요, 부족, 소용, 직무

☞ 크레인(「크레이」아)이 필요하다.

ἀνάστασις, εως, ἡ

(아나스타시스)

부활

☞ ἀνά (위로) + στάσις (일어섬) = 부활

ἄπας, ασα, αν

모든

☞ 하프(「하파」스) 소리는 모든 이들이 다 좋아한다.

31

γενεά, ᾶς

세대, 자손, 가문

☞ 걔네 아들(「게네아」)의 자손

δεύτερος, α, ον

둘째

☞ 둘째로(「듀테로」스) 태어난 둘째

δέω

묶다, 속박하다

☞ 저 놈이 대오(「데오」)각성할 때까지 묶어 두어라.

ἐπιγινώσκω

(에피기노스코)

알게 되다, 인식하다

☞ ἐπί (on, …에 대해) + γινώσκω (알다) = …에 대해 알게 되다

θηρίον

야수, 맹수

☞ 쎈(「쎄」) 라이온(「리온」)은 맹수이다.

θλῖψις, εως, ἡ

시련, 환란

☞ 슬립퍼(「쓸립」시스)로 얻어맞는 환란

κατοικέω

거주하다, 머물다

☞ 아이는 자동차 장난감(「카토이」케오; car toy)이 있는 곳에 머문다.

μέρος, ους, τό

부분

☞ 메론(「메로」스)의 한 부분

σήμερον

(부) 오늘

☞ 새 메론(「새메론」)을 오늘 먹자.

σπέρμα, ατος, τό

종자, 씨

☞ 습해야(「스페」르마) 씨가 잘 튼다.

※ sperm(정자[精子])

τίμη

값, 영예, 존귀

☞ 그 팀에(「티매」) 끼는 것은 큰 영예이다.

φωνέω

소리를 내다, 부르짖다, 부르다

☞ 폰에서(「포네」오) 소리가 난다.

※ phone을 기억하십시오.

ἅπτομαι

대다, 만지다

☞ 하프 토막(「하프토마」이)을 만지다.

ἄξιος, α, ον

가치상 동등한, 마땅한, 합당한

☞ 이 아씨(「악시」오스)들은 다 동등하다.

ἐπιθυμία

열렬한 욕망, 열정, 욕심

☞ 심히(에피「쒸미」아) 큰 욕망

θύρα

문

☞ 문에서 쉬라(「쒸라」).

καινός, ή, όν

새로운

☞ 새로운 카지노들(「카이노스」; −s).

κλαίω

통곡하다, 비탄하다

☞ 클라리넷(「클라」)이 망가져서 이를 어째(「이오」) 하며 통곡하다.

λογίζομαι

수를 세다, 헤아리다, 여기다

☞ 기저귀(로「기조」마이) 수를 헤아리다.

32

μισέω

미워하다

☞ 그네를 미세요(「미세오」), 안 그러면 미워할 거예요.

οἰκοδομέω

짓다(build), 덕을 북돋우다(edify)

☞ 어이쿠, 도매(「오이코도메」오)상가 건물을 지었구만!

οἰκοδομή

(오이코도매)

짓기, 건물; 덕을 세움

☞ 어이쿠, 도매(「오이코도매」) 상가 건물이군!

οὐαί

화 있을진저! 아이고!

☞ 우환이(「우아이」) 있을진저!

παρίστημι

(파리스태미)

(자동사) 참석하다(be present), 곁에 서다(stand by)

(타동사) 바치다, 곁에 놓다

☞ παρά (곁에) + ἵστημι (서다) = 곁에 서다, 곁에 놓다

περισσεύω

풍부하다, 넉넉하다; 탁월하다

☞ 페리호(「페리」)에는 숭어(「슈오」) 고기가 넉넉하다.

περισσός, ή, όν

과도한, 풍부한

☞ 페리호(「페리」)에는 소스(「쏘스」)가 풍부하다.

πλανάω

길을 잃게 하다, 속이다

☞ 사기꾼은 풀려 나오자(「플라나오」) 마자 또 속인다.

πράσσω

행하다, 이루다

☞ 플러스(「프라소」)가 될 만한 일을 행하다.

πρόβατον, ου

양(羊)

☞ 포로(「프로」)가 바톤(「바톤」)으로 양을 때리다.

τέλος, ους, τό

끝, 목표

☞ 텔레비전(「텔로」스) 출연이 그의 목표다.

※ teleology(목적론)

τελέω

마치다, 이루다

☞ 텔레비전(「텔레」오) 출연이라는 목표를 이루다.

ἐπιτελέω

(에피텔레오)

온전히 이루다, 수행하다

☞ ἐπί (… 위에) + τελέω (이루다) = (…에 관한 목표를 이루다) 온전
히 이루다

τελειόω

(텔레이오오)

이루다, 완전케 하다

τέλειος, α, ον

(텔레이오스)

완전한, 온전한, 성숙한

ἄρτι

지금, 방금

☞ 지금 방금 알티(「아르티」; ROTC)로 임관했다.

ἀσθενέω

약하다

☞ '아주 세네요'(「아스쎄네오」)의 반대는 '아주 약하네요'이다.

ἀσθένεια

(아스쎄네이아)

연약

ἀσθενής, ές

(아스쎄내스)

약한, 힘없는

33

βλασφημία

비난, 참람

☞ 브라스 밴드(「블라스패」미아)에 대한 비난

※ blasphemy(신성모독, 참람함)

βλασφημέω

모욕하다, 참람하다, 훼방하다

☞ 우리 브라스 밴드(「블라스패」메오)를 모욕하다니 …

※ blaspheme(신성을 모독하다)

βούλομαι

원하다, 결정하다

☞ 불로(「불로」마이) 태우기로 결정하다.

διάβολος, ον

중상하는, 참소하는, 참소자, 마귀

☞ 뒤(「디」)에서 아볼로(「아볼로」스)를 참소하는 마귀

※ diabolic(악마의), diabolism(악마주의), diabolize(악마에 들리게 하다)

διάκονος

종, 관리자, 집사

☞ 다이아(「디아」)를 코너(「코노」스)에 보관하는 집사

※ deacon(집사)의 어원입니다.

διακονέω

(디아코네오)

식사 시중을 하다, 섬기다, 봉사하다

☞ 뒤(「디」)에 아코디온(「아코네」오)을 맨 채 섬기다.

διακονία

(디아코니아)

시중 듦, 봉사, 집무

ὀργή

분노, 진노

☞ 올겐(「오르개」) 연주자의 분노

περιτομή

(페리토매)

할례

☞ περί (둥글게) + τομή (자르는 것) = 할례

※ τομή (자르는 것)가 낯설다고요? 아닙니다. 아시는 단어입니다. atom(원자) 아시죠?
a는 부정 접두어이고 tom의 어원이 바로 이 τομή 입니다. 그러니까 atom은 「자를

수 없는 것」입니다.

πτωχός, ή, όν

가난한, 가난한 자

☞ 부탄가스(「프토코스」)에 중독된 가난한 자

ὑποτάσσω

복종시키다, 종속시키다

☞ 대포(「휘포」)로 다소(「타쏘」; Tarsus, 바울의 고향) 사람들을 복종시키다.

ἀναγινώσκω

읽다

☞ 아낙이(「아나기」) 북한(「노스코」; north Korea) 서적을 읽다.

ἀρνέομαι

부인하다, 부정하다, 거절하다

☞ 다르네요, 많이(「아르네오마이」)라고 부정하다.

διαθήκη

계약, 언약

☞ 다이아 세 개(「디아쎄캐」)로 계약을 맺다.

ἥλιος

해, 태양

☞ 헬륨(「핼리」오스)이 많은 태양

καυχάομαι

자랑하다, 자만하다

☞ 암소(「카우」; cow)가 가오(「카오」마이) 잡고 자랑하다.

μέλος, ους, τό

지체, 부분

☞ 멜로(「멜로」스) 드라마의 한 부분

μήτε

… 도 아니고 … 도 아니다(neither …nor …)

☞ 이 매트(「매테」)도 아니고 저 매트도 아니고

34

οἶνος

포도주

☞ 오이 넣은(「오이노스」) 포도주

ποτήριον

잔, 그릇

☞ 포테이토(「포태」리온)칩 그릇

ὑπομονή

인내, 참음

☞ 대포(「휘포」)로 감시하고 있어서 모내기(「모내」)를 참고 견딤

φυλάσσω

지키다, 수호하다

☞ 필라델피아(「퓔라」)를 소(「소」)가 지키다.

ἀγοράζω

사다

☞ 아, 골라 줘(「아고라조」), 그러면 살게.

ἀκάθαρος, ον
(아카싸로스)

불결한

☞ ἀ (부정 접두어) + καθαρός (정결한) = 불결한

ἀκαθαρσία
(아카싸르시아)

부정(不淨), 불결함

ἄνεμος

바람(wind)

☞ 아, 네, 뭐 …(「아네모」스), 바람이 좀 부네요.

ἀρνίον

어린 양, 새끼 양

☞ 몸이 약해서 앓으니(「아르니」온), 어린 양이라도 잡아 먹어야지

ἐπιτιμάω

꾸짖다, 경고하다

☞ 애(「에」)에게 피티(「피티」)체조를 시키지 말라(「마오」)고 경고하다.

ναί

예(yes), 진실로, 정말로

☞ 예, 맞습니다. 나이(「나이」)가 정말로 … 살입니다. (제가 좀 동안이
  라 …)

παραγγέλλω

명령하다, 명하다

☞ 파란 걸로(「파랑겔로」) 하라고 명령하다.

παρέρχομαι

(페레르코마이)

지나가다, 없어지다; 도착하다

☞ παρά (곁에) + ἔρχομαι (가다) = 곁으로 지나가다

παρρησία

솔직함(frankness), 담대함(boldness), 확신

☞ 그건 파랬어(「파래시아」). 내가 확신할 수 있어.

σκάνδαλον

함정, 거침거리

☞ 스캔들(「스칸달」론)은 함정이다.

※ 스캔들(scandal)의 어원입니다.

σκανδαλίζω

넘어지게 하다

☞ 스캔들(「스칸달」리조)로 넘어지게 하다.

συνείδησις, εως, ἡ

양심

☞ 순이(「쉬네이」)에게 대시(「대시」스)했었어. 양심껏 말할게.

φεύγω

도망가다

☞ 퓨마(「퓨」)가 나타나면 도망이다(「고」; go).

φυλή

족속, 지파

☞ 펠레(「퓔래」; 축구 황제)가 속한 지파

35

γαμέω

결혼하다

☞ 감회(「가메」오)가 깊은 결혼을 하다.

γάμος

결혼

☞ 감옥소(「가모스」)에서 하는 결혼

※ polygamy(일부다처), monogamy(일부일처)

γνῶσις, εως, ἡ

지식, 지혜

☞ 그 노신사(「그노시」스)의 지혜와 지식

※ Gnosticism(영지주의)

ἐνδύω

옷입다, 착용하다

☞ 맨 뒤(「엔뒤」오)에 가서 옷을 입다.

ἐπεί

… 때에, … 이래

☞ 에펠(「에페이」)탑이 세워진 이래

ἡγέομαι

지도하다; 생각하다, 간주하다

☞ 헤게모니(「헤게」오마이)를 잡고 지도하다.

ἡγεμών, όνος, ὁ

지도자, 통치자

☞ 헤게모니(「헤게몬」)를 잡은 지도자

θυσία

제사

☞ 쉬쉬(「쒸시」아) 하며 몰래 드리는 제사

θυσιαστήριον

제단

☞ 쉬쉬 하며(「쒸시」아) 스텐리스로 만든(「스태리」온) 제단

κρίμα, ατος, τό

소송, 판결, 심판

☞ 크림(「크리마」)에 관한 판결 (불량식품)

μάχαιρα, ης

칼, 검

☞ 막강한(「마카」이라) 칼

μισθός

임금, 보수

☞ 소스 만드는 아가씨(「미스쏘스」; Miss sauce)가 받는 보수

παράκλησις, εως, ἡ

권면, 위안

☞ 파라솔(「파라」) 아래서 클래식(「클래시」스) 음악을 들으라는 권면

πάσχα, τό

유월절

☞ 파스칼(「파스카」)이 말하는 유월절

※ 혹은 영어 Passover와 첫부분이 비슷한 것을 생각하셔도 됩니다.

πλούσιος, α, ον

부유한

☞ 플룻이(「플루시」오스) 부유한 사람에게 있다.

ἐκεῖθεν

(에케이쎈)

그리로부터, 그곳으로부터

☞ ἐκεῖ (그곳) + θεν ('… 로부터'의 뜻을 갖는 접미어) = 그곳으로부터

ὅθεν

(부) … 에서부터, 그러므로

☞ 쎈(호「쎈」) 곳으로부터

πόθεν

어디로부터? 어디서?

☞ ποῦ (어디?) + θεν ('… 로부터'의 뜻을 갖는 접미어) = 어디로부터?
어디서?

20퍼센트(「포쎈」) 세일을 어디서 하지?

ποτέ

어느 때에, 한 번, 언젠가

☞ 포테이토(「포테」)칩을 언젠가는 먹고 말거야.

36

προσκαλέομαι

(프로스칼레오마이)

부르다, 소환하다

☞ πρός (… 로) + καλέω (부르다) = … 로 부르다, 소환하다

ἀποκαλύπτω

드러내다, 계시하다

☞ 아폴로(「아포」) 우주선이 갈잎(「칼륖」토) 사이로 모습을 드러내다.

※ the Apocalypse 요한계시록 = the Revelation

ἀποκάλυψις, εως, ἡ

(아포칼륖시스)

계시

βαστάζω

지다, 나르다

☞ 우리 버스 타죠(「바스타조」)? 그럼 짐도 버스로 나르죠.

ἑορτή

잔치, 향연, 명절

☞ 해 오를 때(「헤오르태」) 열리는 잔치

ἥκω

내가 왔다, 이르렀다

☞ 내가 해코지(「해코」) 하러 왔다.

θυγάτηρ, τρός, ἡ

딸, 여자 후손

☞ 설탕(「쉬가」태르; sugar)처럼 달콤한 딸

ἰάομαι

낫게 하다, 고치다

☞ 이야(「이아」)! 오마니(「오마이」)를 고쳤네!

καταργέω

무효케 하다, 폐하다

☞ 밑에다(「카타」르; 아래로) 토했으니(「게오」) 그 약은 무효다.

λύπη

고통, 슬픔

☞ 유폐(「뤼페」; 幽閉) 당하는 고통

λυπέω

고통스럽게 하다, 슬프게 하다

☞ 유페요(「뤼페오」)? 저를 너무 슬프게 하십니다.

νικάω

정복하다

☞ 네 차(「니카」오)로 세계를 정복하다.

※ 나이키(Nike, 승리의 여신)의 어원입니다.

ὀμνύω 혹은 ὄμνυμι

맹세하다

☞ 어금니(「옴뉘」오, 「옴뉘」미)를 깨물고 맹세하다.

πόσος, η, ον

얼마나 큰? 얼마나 많은?

☞ 얼마나 많은 사람들이 벗었어?(「포소스」)

συνίημι

이해하다, 통찰하다

☞ 순이 애미(「쉬니애미」)를 이해하다.

φρονέω

생각하다, 의견을 가지다

☞ 프로 내용(「프로네오」)에 대해 생각하다.

χήρα

과부

☞ 과부여, 감자를 캐라(「캐라」).

γνωρίζω

알게 하다, 나타내다

☞ 그 놀이 좀(「그노리조」) 알게 해 주라. 재밌어 보이는데 …

δέκα

(데카)

열(10)

☞ δέκα + πόλις = 데가볼리(10개의 도시들로 이루어진 지역). 혹은 14세기 작가 「복카치오」(Boccassio)의 「데카메론」(Decameron)을 「10일야화」로 번역한다는 것도 참고가 될 수 있을 것입니다.

37

δένδρον

나무

☞ 동굴(「덴」; den) 속에 더러운(「드론」) 나무가 있다.

μανθάνω

배우다, 습득하다

☞ 만사(「만싸」) 제쳐놓(「노」)고 배워야 해.

νεφέλη

구름

☞ 구름 타고 내뺄래(「네펠래」).

ὁμολογέω

(호몰로게오)

고백하다, 시인하다

☞ ὅμοιος (같은) + λόγος (말) = (진실과 같게 말하다.) 고백하다.

ἐξομολογέομαι

(엑소몰로게오마이)

자백하다, 고백하다

☞ ἐξ (밖으로) + ὁμολογέω (고백하다) = (밖으로) 고백하다.

οὗ

어디(where)

☞ 후(「후」)문이 어디야?

πορνεία

(포르네이아)

음란

☞ 「포르노」의 어원입니다.

πόρνη

(포르내)

창기, 음녀

πόρνος

(포르노스)

간음자, 남창

προσέχω

주목하다, 주의하다

☞ 성형수술을 한 프로 선수(「프로」)의 새 코(「세코」)에 주목하세요.

ἀναιρέω

죽이다, 없애 버리다. 집어 올리다

☞ 아, 나 이래요(「아나이레오」), 그러니 죽이세요.

διότι

왜냐하면, … 때문에, 그러므로

☞ 오티(디「오티」; OT, 오리엔테이션)에 꼭 참석해야 해, 왜냐하면 …

ἐκλέγομαι

골라내다, 선택하다

☞ 레고 중에서(에클「레고」마이) 내 것을(「마이」) 골라내다.

ἐκλεκτός, ή, όν

(에클렉토스)

택함을 받은, 선택한

☞ selected와 뜻은 완전히 같고 발음도 좀 비슷하지 않습니까?

ἐπιστολή

편지

☞ 권총(에「피스톨」래)과 함께 편지를 보내다.

※ epistle(서신), Pauline epistles(바울서신), Johannine epistles(요한서신)

καταλείπω

남겨 두다, 떠나다

☞ 카타(「카타」)를 놓아 두고(「레이」포; lay) 떠나다.

κατηγορέω

고발하다, 책망하다

☞ 고래고래(카태「고레」오) 소리를 지르며 책망하다.

κεῖμαι

눕다, 기대다

☞ 케이오(「케이」마이) 되어 링 위에 눕다.

38

νοῦς, νοός, νοΐ, νοῦν, ὁ
마음, 이해력, 지성
☞ 야누스(「누스」)의 지성

νοέω
지각하다, 생각하다
☞ 노예(「노에」오)가 생각하다.

παῖς, παιδός, ὁ, ἡ
소년, 소녀, 아이, 종
☞ 파이(「파이」)를 좋아하는 소년

πάρειμι
있다, 임재하다; 도착했다
☞ 네팔에 이미(「파레이미」) 도착해 있다.

παρουσία
오심, 재림
☞ 페르시아(「파루시아」) 땅에 재림하심

περιβάλλω

걸치다, (옷을) 입다

☞ 페리(「페리」)호에서는 발로(「발로」) 옷을 입는다.

πίμπλημι

채우다

☞ 팜플렛(「핌플래」미)을 채우다.

ἀμπελών, ῶνος, ὁ

포도원

☞ 암표를(「암펠」론) 사서 포도원에 들어가다.

ἀνάγω

데리고 올라가다; (중간태) 출항하다, 항해하다

☞ ἀνά (위쪽으로) + ἄγω (인도하다) = 데리고 올라가다

배에서 아나고(「아나고」)회를 먹기 위해 출항하다.

ἀστήρ, έρος, ὁ

별(star)

☞ 에스더(「아스태르」)는 별처럼 아름다웠다.

※ asterisk(별표, *), asteroid(소행성)

αὐξάνω

자라게 하다; 증가시키다

☞ 아욱(「아욱」싸노; 채소 이름)을 자라게 하다.

γρηγορέω

망보다, 정신차리다

☞ 그래, 고래(「그래고레」오)가 오는지 정신을 차리고 망을 봐라.

εἰκών, ονος, ἡ

형상, 모양

☞ 에어콘(「에이콘」)의 모양

※ iconoclasm(우상파괴)

ἐλευθερία

자유

☞ 애를(「엘」) 유세(「류세」리아)에 데려올 수 있는 자유

ἐλεύθερος, α, ον

자유로운, 자주적인

☞ 자유로운 유세(엘「류쎄」로스)

ζῶον

생물, 동물

☞ 좋은(「조온」) 동물

κοπιάω

피곤하다, 수고하다

☞ 코피(「코피」)가 나네, 아오(「아오」) 피곤해.

κωλύω

금하다, 방해하다

☞ 동물들을 골리는(「콜뤼」오) 것을 금하다.

39

λευκός, ή, όν

흰, 하얀

☞ 유고(「류코」스) 선수단은 흰 유니폼을 입었다.

μιμνήσκομαι

기억하다, 관심을 가지다

☞ 미문에(「미므내」스코마이) 앉아 있던 사람을 기억하다.

νέος, α, ον

새로운, 젊은

☞ 내 옷은(「네오스」) 새 것이다.

※ neo- (새로운, new), Neo-Platonism(신플라톤주의), Neo-Marxism(신맑시즘)

πεινάω

굶주리다

☞ 페이가 나올(「페이나오」; pay) 때까지 굶주리다.

σκεῦος, ους, τό

그릇, (복수) 재물

☞ 스키 옷은(「스큐오스」; ski, 스키복) 재물이다.

δέομαι

간구하다

☞ 대오각성하고(「데오」마이) 간구하다.

δοκιμάζω

증명하다, 인정하다

☞ '이 도끼 맞아(「도키마조」)'라고 인정하다.

θεάομαι

보다, 알다

☞ 이건 새야!(「쎄아」오마이) 봐라!

καθεύδω

잠자다

☞ 차에서 유도선수가(「카쓔도」) 잠자다.

καθίστημι

(카씨스태미)

세우다, 임명하다

☞ κατά (아래에) + ἵστημι (세우다) = (아래에 세우다, 즉 아랫사람
을 세우는 것이니까) 임명하다

κατεργάζομαι

(카테르가조마이)

행하다, 이루다, 완수하다

☞ κατά (… 에 따라) + ἐργάζομαι (일하다) = 계획에 따라 일을 완수
하다.

κοιλία

배, 자궁

☞ 코일(「코일」리아)을 감은 배

πληγή

(플래개)

때림, 상처, 재앙

☞ 풀에(「플래」) 있는 개(「개」)를 때림

※ plague 역병, 재앙

πωλέω

팔다

☞ 포를(「폴」) 레오(「레오」; 밀림의 왕자 레오)에게 팔다.

συνέδριον

회의, 산헤드린 최고 회의

☞ 산에 들어온(「쉬네드리온」) 산헤드린

ἑκατόν

일백(100)

☞ 해가(「헤카」톤) 바뀌면 100살이 된다.

ἑκατοντάρχης, ου, ὁ

백부장

☞ ἑκατόν (100) + ἄρχων (지도자) = 백부장

헤깔리는(「헤카」톤타르캐스) 백부장

40

χιλιάς, άδος, ἡ

일천(1,000)

☞ 끼랴!(「킬리아」스) 아직도 천리길이 남았다.

※ kilo– (1,000), kilometer(킬로미터), kilogram(킬로그램)

χιλίαρχος

군장교, 천부장

☞ χιλίας (천) + ἄρχων (지도자) = 천부장

말을 타고 끼랴(「킬리아」) 하며 코스(르「코스」)를 도는 천부장

ὡσεί

같이, 처럼, 약

☞ 호세(「호세」이; 멕시코 장군 이름) 장군처럼 …

ἀγνοέω

모르다

☞ 아, 그놈을(「아그노」에오) 몰라요?

ἀργύριον

은(silver)

☞ 귀리(아르「귀리」온)에 은을 입히다.

εὐδοκέω

좋게 생각하다, … 으로 만족하다

☞ εὐ (좋게) + δοκέω (생각하다) = 좋게 생각하다
　유도(「유도」케오)에 대해 좋게 생각하다.

ἐφίστημι

(에피스태미)

위에 서다, 닥치다

☞ ἐπι (… 위에) + ἵστημι (서다) = … 위에 서다

θερίζω

수확하다, 거두다

☞ 수확해서 세리 줘(「쎄리조」; 稅吏). (세금 밀렸어.)

θερισμός

추수, 수확

☞ 세리(「쎄리」스; 稅吏)가 거둔 수확

λατρεύω

섬기다, 경배하다

☞ 나트륨(「라트류」오) 제물로 신을 섬기다.

παράπτωμα, ατος, τό

범죄, 허물

☞ 파라솔(「파라」)을 토막(프「토마」)낸 것은 범죄이다.

τελώνης

세리

☞ 세리의 비리가 탄로났어(「텔로내스」).

ὑπακούω

(휘파쿠오)

복종하다, 순종하다

☞ ὑπό (… 아래에) + ἀκούω (듣다) = (누군가의 아래에서 그의 말을 듣다) 순종하다

ὑπακοή

(휘파코애)

순종, 복종

αἰτία

원인, 고소, 죄목

☞ 아직도 아이 티(「아이티」아)가 나는 애를 고소까지 하다니 …

ἀκροβυστία

무할례

☞ 아크로(「아크로」) 광장에 모인 비슷한(「뷔스티」아) 무할례자들

γονεύς, έως, ό

모친, 부친, (복수) 부모

☞ 고뇌(「고뉴」스)하는 부친

ἐνεργέω

일하다, 이루다

☞ 에네르기(「에네르게」오)를 써가며 일하다.

41

ἐπίγνωσις, εως, ἡ

지식, 의식, 인식

☞ ἐπί (on, …에 대한) + γνῶσις (지식) = …에 대한 지식

피그미(에「피그」노시스)족에 대한 지식

ἰχθύς, ύος, ὁ

물고기, 생선

☞ 역시(「익쒸」스) 나는 생선이 좋아.

※ 이것은 초대 교회에서 기독교의 표식으로 쓰였던 단어입니다. '예수 (Ἰησοῦς) 그리스도 (Χριστός) 하나님의 (θεοῦ) 아들 (υἱός) 구세주 (σωτήρ)'의 머리글자를 모으면 ἰχθύς 즉 물고기가 됩니다. 가끔 이 단어가 어딘가에 대문자로(ΙΧΘΥΣ) 기록되어 있는 것을 보셨을 것입니다.

κρύπτω

감추다, 숨기다

☞ 사무실에서 클립(「크뤼」토, clip)을 숨기다.

※ cryptogram(암호문)

κρυπτός, ή, όν

감추어진

☞ 감추어진 클립(「크뤼」토스, clip)

※ crypto- (숨겨진, 비밀의), cryptonym(익명)

ξύλον

목재, 나무

☞ 불에 그슬린(「크쉴론」) 나무

προάγω

인도해 내다, 앞서 가다

☞ πρό (앞에서) + ἄγω (인도하다) = 앞서 가다

포로(「프로」)를 악어(「아고」) 있는 곳으로 인도하다.

σκηνή

텐트, 장막

☞ 돌들을 캐내(스「캐내」)! 거기 텐트 쳐야 해.

σοφία

(소피아)

지혜, 통찰, 지성, 지식

☞ 먼 여행을 떠나기 전에 미리 소피(「소피」아)를 보는 지혜

philo(사랑) + sophy(지혜) = 철학

σοφός, ή, όν

현명한, 지혜로운

☞ 소포(「소포」스)로 보내는 게 지혜로울 듯하다.

ὑπηρέτης, ου, ὁ

사환, 조력자, 하속

☞ 화가의 파레트(휘「패레태」스, palette) 들고 다니는 사환

ὑψόω

올리다, 높이다

☞ 회오리바람이 휩쓸어(「휲쏘오」) 올리다.

ἀπέχω

충분히 받다(receive in full), 멀리 떠나 있다(be distant)

☞ 앞에 코(「아페코」) 흘리고 있는 애는 충분히 다 받았다. 그러니 멀리 떠나 있는 애에게 주어라.

γεωργός

농부

☞ 게으르고(「게오르고」스) 못된 농부

διακρίνω

평가하다, 판단하다, 구별하다, (중간태) 의심하다

☞ διά (…를 통하여) + κρίνω (심판하다) = (엄격한 과정을 통해) 평가하다(evaluate)

다이아몬드(「디아」)의 가치를 심판하여(「크리노」) 평가하다.

ἐπαίρω

들다, 들어올리다

☞ 애가 파이(「에파이」로)를 들다.

ἐπιβάλλω

(에피발로)

… 위에 놓다, 얹다

☞ ἐπί (… 위에) + βάλλω (던지다) = … 위에 놓다

ἐπιλαμβάνομαι

(에필람바노마이)

붙잡다

☞ ἐπί (… 위에, on) + λαμβάνω (붙잡다, take) = … 을 붙잡다

ἐπουράνιος, ιον

하늘의

☞ 학점이 'F'라니오(「에푸라니오」스), 저는 하늘의 사람인데 …

42

κοινωνία

교제; 기부금, 참여

☞ 코인(「코이노」니아, coin)을 내야 함께 교제할 수 있습니다.
코인(동전)도 기부금으로 받습니다.

κοινωνός

동역자, 나누는 자, 참여자

☞ 코인(「코이노」노스)을 낸 참여자

κτίσις, εως, ἡ

창조, 피조물

☞ 끝이(「크티」시스) 좋았던 창조

μεριμνάω

염려하다, 관심을 가지다

☞ 그 악독한 메리(「메림」; Bloody Mary)가 나올지(「나오」) 염려하다.

νηστεύω

금식하다

☞ 내 스튜(「내스튜」오; stew)를 먹지 않고 금식하다.

παρατίθημι

(파라티쌔미)

앞에 놓다, (중간태) 위탁하다

☞ παρά (앞에) + τίθημι (놓다) = 앞에 놓다(원래의 의미).
  절에 가서 중(중간태; 스님) 앞에 놓고 위탁하다(중간태의 의미).

πότε

언제?

☞ 포테이토(「포테」)칩 언제 사줄꺼야?

τοσοῦτος, αύτη, οῦτον

이렇게 큰, 이렇게 많은

☞ 이렇게 큰 토스트(「토수토」스) 봤어?

τρέχω

달리다, 뛰다

☞ 트랙(「트레」)에서 코에(「코」) 숨이 차게 달리다.

ἀνάγκη

필요성, 필연, 강제, 재난

☞ 암캐(「아낭캐」)의 필요성

ἀπώλεια

파멸, 멸망

☞ 아폴로(「아폴」)를 놓아(「레이」아; lay) 두면 멸망한다(아폴로에서 방사
능이 유출되고 있음).

ἀριθμός

수, 수효

☞ 알이(「아리」스모스) 몇 갠지 수효를 세 봐라.

※ arithmetic(산수)

δέησις, εως, ἡ

간구, 기도(요구, 요청)

☞ 대실수(「데애시스」)를 한 후 드리는 기도

δεσμός

차꼬, 속박, 올가미

☞ 차꼬를 차는 대수모(「데스모」스)를 당하다.

ἐλέγχω

책망하다, 꾸짖다

☞ '엘렌, 코(「엘렝코」)가 그게 뭐니?' 하고 꾸짖다.

ἐπιτρέπω

허락하다

☞ 어떤 것 위에(「에피」) 덫을(「트레포」; trap) 놓는 것을 허락하다.

θυμός

진노, 분노

☞ 쉼없이(「쒸모스」) 분노함

κατέχω

(카테코)

굳게 잡다, 억제하다

☞ κατά (아래) + ἔχω (가지다) = (무언가의 아래쪽을) 굳게 잡다. (움직이지 못하게) 억제하다

43

κενός, ή, όν

빈, 헛된

☞ 캐 놓으니(「캐노」스) 빈 구덩이만 남았다.

κληρονομέω

상속받다, 얻는다

☞ 클라리넷(「클래로」)을 놈이(「노메」오) 상속받는다.

κοιμάομαι

자다, 잠들다

☞ 고이(「코이」마오마이) 잠들다

κόπος

노동, 수고

☞ 배가 고파서(「코포스」) 하는 노동

μήν, μηνός, ὁ

달, 월(月)

☞ 맨(「맨」)해턴의 달

μήτι

(부정적 답을 기대하는 의문사)

☞ 이 매트리스(「매티」) 네 것 아니지?

προστίθημι

보태다, … 에 더하다

☞ πρός (… 에게) + τίθημι (놓다, 두다) = … 에 보태다

프로스펙스(「프로스」) 취급품목에 수세미(「티쎄미」)를 더하다.

παραχρῆμα

직접, 곧, 당장

☞ 파라솔(「파라」)에 크림(「크래마」)을 지금, 곧, 당장 바르다.

πυλών, ῶνος, ὁ

현관, 대문, 대문간

☞ 필로(「퓔론」; Philo) 집의 대문

※ 필로(Philo, BC 20 – AD 45)는 알렉산드리아에서 살았던 헬라-유대 종교철학자입
   니다.

στέφανος

면류관, 월계관, 상급

☞ 스테반(「스테파노스」) 집사에게 면류관을 …

ταράσσω

걱정시키다(하다), 괴롭히다, 교란하다

☞ 타락했어(「타랏소」), 그러니 걱정이지 …

τίκτω

낳다, 산출하다

☞ 틱톡(「틱토」)이라는 앱을 산출하다.

ὑποκριτής, οῦ, ὁ

위선자, 사칭자

☞ 히포크라테스(「휘포크리태스」) 선서(의사들의 선서)를 모독하는 위
선자

※ hypocrite(위선자)

ὑπομένω

지체하다, 참다

☞ ὑπό (… 아래에) + μένω (머물다) = (… 아래 머물러 있다) 지체하
다

대포(「휘포」)가 머무는(「메노」) 곳에서 우리도 지체한다.

φανερός, ά, όν

보이는, 알려진, 명백한

☞ 파내려(「파네로스」) 가니 명백하다. (이곳이 옛날 가마터임이)

χρυσός

금, 금화

☞ 구리솥(「크뤼소스」)에 금 도금을 하다.

χρυσίον

금, 금화, 금 장식품

☞ 구리 씌운(「크뤼시온」) 금

χρύσεος, α, ον

금의(χρυσοῦς, ῆ, οῦν 의 단축형)

☞ 금에 구리 씌웠어(「크뤼세오스」).

44

ἀρέσκω

기쁘게 하다, … 에게 기쁨이 되다

☞ 아래(「아레」)에서 디스코(「스코」)를 추어 기쁘게 하다.

ἄφεσις, εως, ἡ

보내 버림, 용서

☞ 앞에(「아페」) 있는 자매(「시스」; sister)를 용서하고 보냄

βρῶμα, ατος, τό

양식, 음식

☞ 로마(브「로마」)의 음식

δέσμιος

수인, 죄수

☞ 죽도록(「데스」; death) 미운(「미오」스) 죄수

ἐξίστημι

(엑시스태미)

놀라게 하다, 놀라다

☞ ἐξ (밖에) + ἵστημι (서다) = 누가 밖에(「엑스」) 서 있어서(「히스태미」)
놀라다.

αὔριον

(부) 내일

☞ 아, 우리 온(「아우리온」) 가족이 내일 모이는구아.

ἐπαύριον

(부) 내일, 이튿날

☞ 오리온(에파「우리온」) 과자는 내일 줄게

ἐπιμένω

(에피메노)

계속하다, 머무르다

☞ ἐπί (… 위에) + μένω (머무르다) = … 에서 머무르다

θησαυρός

창고, 보물

☞ 세상으로(「쎄사우로」스) 내보낼 보물

ἵππος

말(동물)

☞ 히프(「힢포」스, hip)가 큰 말

※ '히포'는 「말」이고 하마는 「강에서 사는 말」이라는 뜻에서 ἵππος ποταμός 라틴어로는 hippo-potamus(river-horse)입니다.

ποταμός

강

☞ 보다 못해(「포타모」스) 강물에 뛰어들었다.

καθάπερ

마치 … 같이

☞ 마치 집에서(「카싸」; casa) 패는(「페르」) 것처럼

καταλύω

(카탈뤼오)

파괴하다; 무너뜨리다; 유하다

☞ κατά (아래로) + λύω (파괴하다) = 무너뜨리다

κερδαίνω

얻는다, 이익을 얻다

☞ 캐러 다니면(「케르다이노」) 이익을 얻는다.

νίπτω

씻다

☞ 니 입에(「닢」) 묻은 흙(「토」; 土)을 씻어라.

νυμφίος

신랑

☞ 남편(「뉨피오스」)이 신랑

τέμνω

자르다

☞ 탐나면(「템노」) 조금 잘라가라. (순대)

περιτέμνω

(페리템노)

할례하다

☞ περί (둥글게) + τέμνω (자르다) = 할례하다

45

τομός, ή, όν
날카로운, 자르는

☞ 토막(「토모」스) 토막 자르는 날카로운

πέτρα
바위

☞ 바위에 뱉으라(「페트라」).

πλήρωμα, ατος, τό
가득 참, 충만

☞ 불에 로마(「플래로마」)가 화염으로 가득 참

πλησίον
가까운, 이웃

☞ 플래시(「플래시」온; flash)는 가까운 곳에 두어야 한다.

ποιμαίνω
양치다, 다스리다

☞ 포위망(「포이마」이노)을 유지하고 양을 치다.

ποιμήν, ἑνος, ὁ

목자

☞ 양들을 사랑으로 포위하는 남자(「포이맨」; man)가 목자이다.

ῥύομαι

구조하다, 구원하다

☞ 구원할 이 그 뉘리오(「뤼오」마이)?

χάρισμα, ατος, τό

(은혜로운) 선물, 은사

☞ 칼 있으면(「카리스마」) 선물로 하나 주십시오.

ὡσαύτως

마찬가지로, 같은 모양으로

☞ 마찬가지로 호사스럽다(「호사」우토스; 사치스럽다는 뜻).

ἀνακρίνω

조사하다, 심문하다

☞ 아낙(「아나」)이 크림(「크리」노)을 조사하다.

ἀπάγω

(아파고)

이끌어 가다, 데리고 가다

☞ ἀπό (··· 로부터) + ἄγω (인도하다) = ··· 로부터 데리고 가다

δεῖπνον

저녁 식사, 만찬

☞ 낮에(「데이」; day) 퍼 놓은(「프논」) 저녁 식사. (다 식었어 ···)

δηνάριον

(대나리온)

데나리온(옛 로마의 은화)

☞ 나리(대「나리」온)가 주신 데나리온

διαλέγομαι

(디알레고마이)

강론하다, 토의하다

☞ διά (···을 통하여) + λέγω (말하다) = (서로의 의견을 통과하며 말하다) 토의하다

διαλογίζομαι

(디알로기조마이)

숙고하다, 논의하다

διαλογισμός

(디알로기스모스)

논의, 의심

☞ διά (…을 통하여) + λόγος (말) = 서로 주고 받는 말, 논의

※ dialogue(대화, 논의)

διατάσσω

명령하다, 지시하다

☞ 지급받은 다이아몬드(「디아」)를 다 쓰라고(「타쏘」) 명령하다.

διψάω

목마르다

☞ 깊이(「딮」싸오; deep) 목마르다.

46

ἐκτείνω

뻗치다, 내뻗는다

☞ 애(「에」)가 끝에(「크테」이노)까지 손을 뻗치다.

ἐκχέω

붓다, 쏟아 내다

☞ 애(「에」크)를 케이오(「케오」) 시킨 후 물을 붓다. (야, 깨어나!)

ἐντέλλομαι

명령하다, 당부하다

☞ 탄로(엔「텔로」마이) 나지 않게 하라고 명령하다.

ἔπειτα

그리고 나서, 그 다음에

☞ 에펠탑(「에페이타」)에 간 다음에

ἐπιθυμέω

원하다, 욕구하다

☞ 애(「에」)가 피(「피」)가 심해요(「쒸메」오). 치료를 원해요.

ζῆλος

열심, 시기, 질투

☞ 제일로(「잴로」스) 열심

※ zeal(열정), jealousy(질투)

θεμέλιος

기초, 기반

☞ 세멘트(「쎄멜」리오스)로 다진 기반

κλείω

닫다, 잠그다

☞ 진흙(「클레이」오; clay)으로 입구를 닫다.

κλέπτω

도둑질하다, 훔치다

☞ 클럽에서(「클렙」) 또(「토」) 도둑질하다.

※ kleptomania = cleptomania 도벽

κλέπτης, ου, ὁ

도둑

☞ 클럽(「클렙」태스)에 온 도둑

μανία

미침, 제정신이 아님

☞ 마님(「마니」아)이 제정신이 아니야

πάθημα, ατος, τό

수난, 고난

☞ 파자마(「파쎄마」)를 입은 채 당하는 수난

※ the Passion 예수님의 '수난'과 발음이 비슷합니다.

παρέχω

바치다, 공급하다

☞ 파래(「파레」; 해산물)를 채취해서 코(「코」) 앞에 바치다.

πόλεμος

전쟁

☞ 조국의 본래 모습(「폴레모스」)을 되찾기 위한 전쟁

πολλάκις

자주

☞ 폴라포(「폴라」; 아이스크림)에 자주 키스(「키스」)한다.

προσδοκάω

기다리다, 기대하다

☞ 프로(「프로」)가 수돗가(「스도카」오)에서 기다리다.

ῥαββεί 혹은 ῥαββί, ὁ
(랍베이, 랍비)

(무변화) 선생

※ rabbi(랍비)

ῥίζα, ῆς, ἡ
뿌리

☞ 모나리자(「리자」)의 뿌리. (귀족 여성이었다죠?)

συκῆ, ῆς, ἡ

무화과나무

☞ 수캐(「쉬캐」)가 묶여 있는 무화과나무

συλλαμβάνω

(쉴람바노)

붙잡다, 잉태하다

☞ σύν (= 쉴, 함께) + λαμβάνω (취하다) = (함께 굳게) 붙잡다

(남녀가 함께 서로를 취하다. 그 결과) 잉태하다

συνιστάνω

(쉬니스타노)

… 와 함께 서다, 구성되다

☞ σύν (함께) + ἱστάνω (= ἵστημι 서다) = …와 함께 서다

συνίστημι

(쉬니스태미)

추천하다, 천거하다

☞ σύν (함께) + ἵστημαι (서다) = 추천하다

대중 앞에서 누구 옆에 함께 선다는 것은 그를 추천한다는 뜻

σφραγίς, ῖδος, ἡ

인, 도장

☞ 지푸라기(스「프라기」스)에 싼 도장

σφραγίζω

(스프라기조)

도장을 찍다, 인치다, (도장으로) 표하다, 밀봉하다

☞ 지푸라기 줘(스「프라기조」), 거기에 도장을 찍어야 해.

τέρας, ατος, τό

경이, 기적

☞ 테라스(「테라스」)에서 목격한 기적

τολμάω

감히 … 하다

☞ 똘마니(「톨마」오) 주제에 감히 … 하다니

τροφή

양식, 음식, 먹거리

☞ 트로피(「트로패」)와 바꾼 양식 (워낙 가난해서 …)

ὑστερέω

모자라다

☞ 스테레오(휘「스테레오」) 마이크가 모자란다. (모노 마이크 밖에 없어.)

χορτάζω

실컷 먹다, 만족되다, 채워지다

☞ 타조(코르「타조」)고기를 실컷 먹다.

ὤ

오!

☞ 오! 동그란(써컴플렉스 악센트) 오메가(철자) 시계!

ἀνέχομαι

참다, 견디다

☞ 아내(「아네」)가 코(「코」마이)고는 것을 참다.

γεύομαι

맛보다

☞ 귤(「규」)을 오마니(「오마이」)가 맛보다.

γνωστός, ή, όν

알려진

☞ 그 놈의(「그노스」; –'s) 토스(「토스」)는 잘 알려져 있지

γυμνός, ή, όν

벗은

☞ 벗은 몸에서 김 났어(「귐노스」). 많이 더웠구나.

δέρω

때리다

☞ 대로(「데로」) 상에서 때리다.

διαμαρτύρομαι

엄숙히 증언하다

☞ 다이아(「디아」)를 마루 뒤로(「마르튀로」마이) 던졌다고 엄숙히 증언하
다.

48

ἐλαία

감람나무

☞ 엘리야(「엘라이아」)의 감람나무

εὐσέβεια

경건, 경애

☞ 세배(유「세베」이아)를 드릴 때는 경건한 마음으로

εὐχαριστέω

(유카리스테오)

감사하다.

☞ εὐ (좋은) + χάρις (은혜) = (좋은 은혜에 대해) 감사하다

εὐχαριστία

(유카리스티아)

감사

καταλαμβάνω

(카탈람바노)

움켜잡다, 획득하다, 파악하다

☞ κατά (아래) + λαμβάνω (취하다) = (밑둥을) 움켜잡다, (근본을) 파악하다

κατεσθίω

(카테스씨오)

먹어 버리다, 삼키다

☞ κατά (아래) + ἐσθίω (먹다) = (맨 아래까지 다) 먹어 버리다

κλάω

깨뜨리다, 떼다

☞ 그것을 깨뜨리면 큰일나오(「클라오」).

κληρονόμος

상속자

☞ 클라리넷(「클래로」)의 법적인(「노모스」) 상속자

κληρονομία

유산, 기업

☞ 클라리넷(「클래로」)은 놈이(「노미」아) 남긴 유산이다.

※ '상속자'와 혼동하지 않고 외우는 방법은 '남성이 상속자'라는 것입니다.

κτίζω

창조하다

☞ 끝이 좋(「크티조」)은 창조

κτίσις, εως, ἡ

창조물, 피조물

☞ 끝이 싫은(「크티시」스) 피조물. (결국 선악과를 먹음)

λῃστής, ου, ὁ

강도(robber)

☞ 마지막(「래스태」스; last) 강도

※ 예수님 대신 풀려난 강도에 이 단어가 사용됩니다.

μοιχεύω

간음하다

☞ 매니큐(「모이큐」오)를 바르고 간음하다.

νομίζω

생각하다

☞ 놈이 좋(「노미조」)아서 자꾸 그를 생각하다.

ξηραίνω

말리다, 태우다, 그슬리다

☞ 그 새(「크쌔」) 코뿔소(「라이노」; rhino)가 몸을 말렸다.

οἰκουμένη

사람 사는 세계, 세상

☞ 아이쿠머니나(「오이쿠메네」)! 세상에!

οὐδέποτε

결코 … 아니

☞ 유대인은(「우데」) 포테토(「포테」)칩을 결코 먹지 않는다.

παρθένος, ου, ἡ

동정녀, 처녀

☞ 파랑새(「파르쎄」노스)와 같은 동정녀

49

παύομαι

멈추다

☞ 파울(「파우」오마이)이니까 멈춰라.

ποτίζω

마시게 하다

☞ 40원 줘(「포티조」; forty), 그럼 너도 마시게 해줄께.

φωτίζω

비추다, 밝히다

☞ 대포를 40회(「포티」조) 발사하여 빛을 비추다.

※ 위의 두 단어를 구별하는 방법은 첫 글자를 보아서 두 다리로 선 것(π)은 사람이니까 「마시게 하다」이고 둥근 것(φ)은 대포니까 「비추다」입니다.

σαλεύω

흔들다, 비틀거리게 하다

☞ 쌀을 넣어(「쌀류오」) 흔들다.

συμφέρω

모으다, (비인칭으로) 유익하다

☞ σύν (함께) + φέρω (데려오다) = 모으다

심폐(「쉼페」로)소생술 배울 사람을 모으다. 심폐소생술은 유익하다.

τράπεζα

상, 식탁

☞ 트로피(「트라」)를 못 탄 패자(「페자」)들의 식탁

τύπος

표식, 모형, 형상, 모범

☞ 투표소(「튀포스」)라는 것을 알리는 표식

χόρτος

풀(grass, hay)

☞ 골동품(「코르토」스) 그릇에 자란 풀

ὠφελέω

도와주다, 유익을 주다

☞ 오, 펠레(「오펠레」오; 축구황제 펠레), 도와 주세요.

ἄκανθαι, αἱ

가시들, 가시나무들

☞ 서로 악한 사이(「아칸싸이」)인 가시나무들

ἀλλότριος, α, ον

남의, 이상한, 낯설은

☞ 알로(「알로」; 계란) 성탄 트리(「트리오」스)를 장식하니 좀 이상하다.

ἀμφότεροι, αι, α

둘 다, 양쪽 다

☞ 암표(「암포」)상과 테러범(「테로」이)은 둘 다 나쁘다.

ἀνάκειμαι

기대다, 눕다

☞ 아낙(「아나」)이 케이오(「케이」)되어 나에게(「마이」) 기대다.

ἀναχωρέω

떠나다, 가버리다

☞ 아낙(「아나」)이 코리아(「코레오」; Korea)를 떠나다.

ἀνθίστημι

(안씨스태미)

대적하다, 반대하다

☞ ἀντι (…을 대적하여) + ἵστημι (서다) = 대적하다

ἄνομος, ον

(아노모스)

법 없는, 무법의

☞ ἀ (부정 접두어) + νόμος (법) = 무법의

ἀνομία

(아노미아)

불법, 무법(lawlessness)

ἄπαξ

단번, 유일성

☞ 헤파박스(「하팍스」; 간염주사)는 한 번 접종으로 끝납니다(사실과는
상관없음).

50

ἀπειθέω

불신하다, 불복종하다

☞ 불신하는 녀석들은 앞에 있어요(「아페이쎄오」).

아(「아」) 페이(「페이」; pay)가 쎄요(「쎄오」). 못 믿으시네.

ἀτενίζω

주목하다, 응시하다

☞ 아테네(「아테니」조)를 주목하다.

ἀφίστημι

(아피스태미)

물러가다, 버리고 가다

☞ ἀπό (… 로부터) + ἵστημι (서다) = (… 로부터 다른 곳에 가서 서
다.) 물러가다

ἐλάχιστος, η, ον

가장 적은

☞ 애를 낳은(「엘라」) 후 키스(「키스」토스)를 가장 적게 한 날

ἐνιαυτός

년, 해(year)

☞ 애니(「에니」아우토스; 만화영화)가 방영되는 해

ἐπίσταμαι

이해하다, 알다

☞ ἐπί (…위에) + ἵστημι (서다) = (…위에 서서 전체를 보니) 이해가
되다, 알게 되다
무대 위(「에피」)에 선 스타(「스타」마이)를 이해하다. (그들도 힘들
어…)

εὐφραίνω

즐겁게 해 주다, 기뻐하다

☞ 유프라테스(「유프라」이노) 강에 데리고 가서 즐겁게 해 주다.
계란 프라이(유「프라이」노)를 해서 즐겁게 해 주다.

θρίξ, τριχός, ἡ

머리털

☞ 스릴(「쓰릭」스) 때문에 머리털이 쭈뼷!

κατανοέω

자세히 보다, 생각해 보다, 주목하다

☞ 카타(「카타」) 칼을 든 노예(「노에」오)를 자세히 보다.

κοινός, ή, όν

일반적, 통용의, 평범한, 불결한

☞ 코인(「코이노스」; coin)은 일반적으로 통용되는 평범한 화폐이며 불결하다.

영어 단어로는 common에 해당됩니다.

※ 신약성경은 주로 코이네(Koine) 헬라어로 기록되었는데 그 때의 '코이네'가 이 단어입니다.

κοινόω

통용하다, 더럽게 하다

☞ 동전(「코이노」오; coin)을 통용하다. 동전을 더럽게 하다.

κωφός, ή, όν

청각장애를 가진, 말 못하는

☞ 코(「코」)에서 포스(「포스」)가 느껴지는 청각장애인

λύχνος

등, 등불

☞ 북쪽을 봐라(「뤼크노스」; look north!), 등불이다.

λυχνία

등경, 등대

☞ 봐라(「뤼크」니; look), 아(「아」), 등대다! 이제 살았다.

※ 비슷한 단어인데 남성은 등불, 여성은 등대입니다.

μακρός, ά, όν

(길이가) 긴, (거리가) 먼

☞ 마크(「마크」로스)는 골문 앞에서가 아니라 멀리서부터 해야 한다.

μακρόθεν

(마트로쎈)

멀리서부터, 먼 데서

☞ μακρός (먼) + θεν ('… 로부터'의 뜻을 갖는 접미어) = 먼 곳으로부터

μακροθυμία

길이 참으심, 인내, 오래 참음

☞ 마크를(「마크로」) 심히(「쒸미」아) 오래 참음

μερίζω

나누다

☞ 메리(Mary)와 조(Joe)가(「메리조」) 가진 것을 서로 나누다.

51

μέτρον

척도, 분량

☞ 지하철(「메트론」; metro)의 등급을 나누는 척도

μύρον

향유, 고약

☞ 뭐 이런(「뮈론」) 고약이 다 있어?

μωρός, ά, όν

어리석은

☞ 아직 멀었어(「모로스」), 너무 어리석어 …

ξένος, η, ον

낯설은; (명사) 외인(stranger), 주인(host)

☞ 크, 세놓은(「크세노」스) 주인은 정말 낯선 사람이야

οἶος, α, ον

그와 같은

☞ 그와 같은 호위무사(「호이」오스)

ὄφις, εως, ὁ

뱀

☞ 사무실(「오피스」; office)에 뱀이 가득하다.

※ ὀπίσω + 소유격 = 뒤에, 후에(behind, after)
　두 단어를 구별하는 법은 두 번째 철자의 몸통이 둥근 것(φ)이 뱀입니다.

ὀψία

저녁

☞ 앞 시야(「옾시아」)가 어두워지는 저녁

πετεινά

새(bird)들

☞ 배때기(「페테이」나)가 보이는 새들

προσδέχομαι

영접하다, 기다리다

☞ 유명한 프로 레슬러(「프로스」)를 데스크(「데코」마이)에서 영접하다.

σεισμός

지진

☞ 세 명의(「세」) 이 스모 선수들(「이스모스」)이 겪은 지진

σῖτος

밀, 곡식

☞ 시트(「시토」스) 위에 밀을 깔아 놓다.

στηρίζω

굳게 하다

☞ 히스테리(「스태리」조) 성격을 굳게 하다.

τάλαντον

(탈란톤)

달란트(약 5,6천 데나리온 값어치의 그리스 동전)

ταπεινόω

낮추다, 비천하게 하다

☞ 타이페이(「타페이」노) 사람들을 낮추다.

φρόνιμος, η, ον

지혜있는, 현명한

☞ 프로니 뭐(「프로니모」스), 현명하겠지.

χωλός, ή, όν

보행장애를 가진(절름발이의), 장애를 가진

☞ 콜록거리는(「콜로」스) 보행장애인

ἀθετέω

거절하다, 폐하다

☞ 아씨(「아쎄」)를 태워(「테오」)달라는 요청을 거절하다.

ἀναγγέλλω

전하다, 보고하다

☞ ἀνά (… 위로) + ἀγγέλλω (말하다) = (위쪽으로 말하다) 보고하다

천사(아「낭겔로」)가 전하다.

52

ἀναστροφή

행실, 품행, 생활방식

☞ 아낙(「아나」스)에게 트로피(「트로패」)를 줄 만한 행실

ἄνωθεν

위에서, 다시

☞ ἀνά (… 위로) + θεν ('… 로부터'의 뜻을 갖는 접미어) = 위로부터

아, 노새는(「아노쎈」) 위에서 다시 돌려 준다니까?

ἁρπάζω

붙잡다, 빼앗다

☞ 구덩이를 하루(「하르」) 빨리 파 줘(「파조」)하고 붙잡다.

그런데 거절하길래 '그럼 내가 직접 파지'하고 연장을 빼앗다.

βοάω

큰 소리로 부르다

☞ 보아요(「보아오」)! 하고 큰 소리로 부르다.

βουλή

도모, 목적

☞ 본래(「불래」)의 목적

δαιμόνιον

(다이모니온)

귀신

☞ 다이아몬드(「다이」)와 돈(「모니」온; money)을 좋아하는 귀신

※ demon 악마, 귀신

δαιμονίζομαι

(다이모니조마이)

귀신에 사로잡히다

※ 재물 귀신에 사로잡혀서 '다이아몬드(「다이」)와 돈을 줘(「모니조」; money), 많이(「마이」)'라고 외치며 다니다.

διαφέρω

다르다

☞ 다이아몬드(「디아」)를 배로(「페로」) 들여오면 값이 다르다.

δράκων, οντος, ὁ
(드라콘)

용, 뱀

※ dragon(용, 큰 뱀)

εἶτα

그리고 나서, 그 다음에

☞ 에이, 타(「에이타」)! 그리고 나서 생각하자. (누가 택시비 낼지)

ἐκπλήσσομαι

놀라다, 대경실색하다

☞ 에크!(「에크」) 매듭이 풀렸어(「플래쏘」마이)! 하고 놀라다.

ἐλεημοσύνη

구제

☞ LA에(「엘레애」) 살고 있는 목 쉰 애(「모쉬내」)를 구제하자.

ἐμπαίζω

능욕하다, 희롱하다

☞ 엠파이어(「엠파이」)스테이트 빌딩 안에서 조(「조」; Joe)를 희롱하다.

ἐξαποστέλλω

(엑사포스텔로)

내보내다

☞ ἐξ (밖으로) + ἀποστέλλω (보내다) = 밖으로 보내다, 내보내다

ἐπιζητέω

(에피재테오)

찾다, 탐색하다

☞ ἐπι (on) + ζητέω (seek, 찾다) = …을 찾다

ἐπιπίπτω

(에피핍토)

위에 떨어지다, 덮치다

☞ ἐπί (… 위에) + πίπτω (떨어지다) = … 위에 떨어지다

ζύμη

누룩

☞ 쥐(「쥐」매)가 누룩을 먹는다.

θύω

희생하다, 잡다, 죽이다

☞ 덮개를 씌워(「쒸오」)서 죽이다.

53

καπνός

연기

☞ 송아지(「카프」노스; calf)가 연기 때문에 괴로워 한다.

καταισχύνω

부끄럽게 하다, 모욕을 주다

☞ 너는 아래(「카타」) 등급에서 스키(이「스퀴」노)를 타라고 하며 부끄럽
게 하다.

καίω

켜다, 불태우다

☞ 그리고(「카이」오) 불태우다.

κατακαίω

(카타카이오)

불사르다, 다 태워 버리다

☞ κατά (아래) + καίω (태우다) = (밑둥까지) 다 태워 버리다

καταντάω

이르다, 도달하다

☞ 차에 탄(「카탄」) 채로 타워(「타오」)에 도착하다.

καταρτίζω

고치다, 정비하다, 완전하게 하다

☞ 카타로 떼 줘(「카타르티조」), 그 부분은 고쳐야겠어.

παιδίσκη

소녀, 여종

☞ 파이(「파이」)와 디스켓(「디스캐」)을 들고 있는 소녀

παράδοσις, εως, ἡ

유전, 전통

☞ παρά (…로부터) + δόσις (선물) = (조상들로부터 물려받은 것) 전
통

파라솔(「파라」)을 도시(「도시」스)에 치는 것이 그곳 전통이다.

πρίν

앞에, 전에

☞ 왕자님(「프린」; prince) 앞에

συνεργός

(쉬네르고스)

동업자, 동역자

☞ σύν (함께) + ἔργον (일) = (함께 일하는 사람) 동역자

τίμιος, α, ον

값진, 귀중한, 존귀한

☞ 나에게는 팀이(「티미」오스) 가장 소중하다.

τρόπος

태도, 방도

☞ 트로피(「트로포」스)를 받는 태도

τύπτω

때리다, 치다

☞ 딥다(「튑토」) 때리다.

ὕψιστος, η, ον

가장 높은, 지극히 높은

☞ 빌보드차트를 휩쓰는(「휲」) 자매들(「시스토스」; sisters)이 가장 높은 위치에 있다.

φύσις, εως, ἡ

본성, 자연, 천성

☞ 물고기들(「퓌시스」; fishes)의 본성

ἀλέκτωρ, ορος, ὁ

수탉

☞ 알렉산더(「알렉」) 대왕이 토르(「토르」; Thor)에게 선물한 수탉

ἀναπαύω

유쾌하게 만들다; (중간태) 쉬다

☞ 하나도 안 아파요(「아나파우오」) 하면서 우리를 유쾌하게 만들다. 그
러다가 중간에(중간태) 쉬다.

ἀναπίπτω

기대다, 눕다

☞ 아낙(「아나」)이 피(「핖」)를 톡톡(「토」) 흘리며 기댄다.

54

ἀπαρνέομαι

부인하다

☞ 그 아파트(「아파르」)는 내 오마니(「네오마이」) 것이 아니라고 부인하다.

ἀσκός

가죽부대, 술부대

☞ 아스케끼(「아스코」스)를 넣은 술부대

αὐλή

마당, 궁전, 어문

☞ 아, 울래(「아울래」)? 너 그러면 궁전에 안 데려간다.

βασανίζω

괴롭히다, 고통을 주다

☞ 바산의(「바사니」조) 소들을 괴롭히다.

※ 바산의 소는 시편 22:12을 참조하십시오.

βῆμα, ατος, τό

법정의 의자, 재판석

☞ 뱀아(「배마」) 너는 재판석에 앉아라.

βροντή

우뢰, 천둥

☞ 에밀리 브론테(「브론태」; Emily Bronte, 「폭풍의 언덕」의 작가)의 천
   둥의 언덕

γέεννα, ης, ἡ

지옥

☞ 개(「게」)도 살인 했나(「엔나」)? 그러면 지옥에 가라.

γόνυ, ατος, τό

무릎

☞ 고뇌(「고뉘」)하는 기도자의 무릎

δεῦτε

오라!

☞ 조퇴(「듀테」)하고 오라!

διάνοια

마음, 지각, 생각

☞ 다이아(「디아」)가 거기 놓여야(「노이아」) 마음이 놓인다.

δίκτυον

그물

☞ 되게(「딕」) 튀는(「튀온」) 그물 (물고기가 너무 팔팔하네.)

ἔθος, ους, τό

습관, 풍속

☞ 애써서(「에쏘스」) 고친 습관

ἐξάγω

(엑사고)

인도해 내다, 데리고 나가다

☞ ἐξ (밖으로) + ἄγω (인도하다) = 인도해 내다

ἐξουθενέω

멸시하다

☞ 액수(「엑수」)가 쎄네요(「쎄네오」). 좋아요. 나는 가난뱅이들은 멸시해요.

ἔσωθεν

안에서(from within), 안에(inside, within)

☞ 야곱의 형 에서(「에소」쎈)가 안에서 나온다.

κάλαμος

갈대, 줄기

☞ 칼라(「칼라」모스; color)가 칠해진 갈대

κολλάομαι

붙다, 매달리다

☞ 콜라(「콜라」) 사달라고 오마니(「오마이」)에게 매달리다.

κομίζω

가져오다, 받다, 회수하다

☞ '거미 줘!'(「코미조」) 하고 거미를 받다. (곤충채집)

55

κράτος, ους, τό

능력, 힘, 주권

☞ 소크라테스(「크라토스」)의 능력

※ δῆμος (사람들, 백성) + κράτος = democracy(민주주의)
   πλοῦτος (재산, 부유함) + κράτος = plutocracy(금권정치)

παντοκράτωρ, ορος, ὁ

(판토크라토르)

만물의 통치자, 전능자

☞ παντός (모든 것의) + κράτος (힘, 권능, 지배) = 전능자

λίαν

매우, 굉장히

☞ 사자 우리 안(「리안」)은 매우 ….

λιμός

굶주림, 궁핍

☞ 이모(「리모」스)의 굶주림

μάλιστα

특별히, 무엇보다도

☞ 이 카페 바리스타(말「리스타」)가 특별히 실력이 좋다.

νήπιος

영아, 어린이

☞ 내 피(「내피」오스)와 같은 어린 아기

δεσπότης, ου, ὁ

(데스포태스)

주인(Lord, Master), 집주인, 종의 주인

☞ 책상(「데스」; desk)에서 감자(「포태」스; potato)를 먹는 주인

οἰκοδεσπότης, ου

(오이코데스포태스)

집주인, 가장

☞ οἶκος (집) + δεσπότης (주인) = 집주인

ὅραμα, ατος, τό

환상

☞ 호랑이(「호」)에 대한 라마(「라마」) 교인들의 환상

ὅριον

영역, 지역

☞ 오리온(「호리온」) 제과가 있는 지역

παραιτέομαι

변명하다, 사양하다, 거절하다

☞ 파라솔(「파라」)을 쓰고 이태원(「이테오」마이)에 가기를 거절하다.

πιάζω

붙잡다, 쥐다, 체포하다

☞ 체포하려고 하면 피하죠(「피아조」).

πλοῦτος

부, 재산, 풍부

☞ 플루토(「플루토」스; Pluto, 미키 마우스의 친구)의 재산

※ plutocracy(금권정치)

πλουτέω

(플루테오)

부유하다

☞ 플루토(「플루테」오)는 부유하다.

πρόθεσις, εως, ἡ

목적, 계획, 의지

☞ 프로(「프로」)선수 셋이서(「쎄시스」) 짠 계획

προσλαμβάνομαι

(프로스람바노마이)

음식을 먹다, 환영하다, 영접하다

☞ πρός (··· 에게로) + λαμβάνω (취하다) = ··· 에게로 가서 취하다

취하는 대상이 음식이면 「음식을 먹다」, 사람이면 「영접하다」.

πρωΐ

아침에, 일찍이

☞ 프로이트(「프로이」; S. Freud)는 아침에 일찍 일어났다.

πῶλος

망아지, 어린 짐승, 나귀 새끼

☞ 포로들(「폴로스」; –'s)은 망아지를 돌본다.

56

ῥάβδος

막대기, 몽둥이

☞ 냅둬(「랍도」스)! 나중에 몽둥이로 쓰게

σάλπιγξ, ιγγος, ἡ

나팔

☞ 살이 핑크색(「살핑크스」)이 되도록 힘껏 나팔을 불다.

σαλπίζω

나팔 불다

☞ 제가 살피죠(「살피조」), 그러다가 수상하면 나팔을 불겠습니다.

σπλάγχνα, ων, τά

창자; 마음, 긍휼, 민망

☞ 플랑크톤(스「플랑크」나)이 창자에 들어갔다.

σπλαγχνίζομαι

민망히 여기다, 불쌍히 여기다

☞ 플랑크톤(스「플랑크」니조마이)을 불쌍히 여기다.

σπουδή

급함, 부지런함, 열심

☞ 스프를 데워(「스푸대」) 먹는 부지런함

στήκω

서다, 굳게 서다

☞ 스테이크(「스태코」)를 먹기 위해 줄을 서다.

συνέχω

굳게 잡다, 유지하다, 밀어내다, 억누르다, 역설하다

☞ 순이의 코(「쉬네코」)를 굳게 잡다.

ταχύ

재빨리

☞ 따귀(「타퀴」)를 재빨리 때리다.

τυγχάνω

얻다, 받다, 경험하다

☞ 튕겨남(「튕카노」)을 경험하다.

ὑγιαίνω

건강한 상태에 있다, 건강하다, 건전하다

☞ 위기(「휘기」) 속에서 아이를 낳고(「아이노」)도 건강하다.

ὑγιής, ές

건전한, 건강한

☞ 위기에서(「휘기애스」)도 건강한

ὑφηλός, ή, όν

높은, 교만한

☞ 별로(휘「펠로」스) 잘하지도 못하면서 교만한

φιάλη

잔, 쟁반

☞ 피할래(「피알래」)야 피할 수 없는 고난의 잔

φονεύω

죽이다, 살인하다

☞ 포니(「포뉴」오; 현대차)로 치어 죽이다.

χοῖρος

돼지

☞ 코(「코」)가 일어선(「이로스」) 돼지

χωρίζω

분리하다, 나누다, 떠나다

☞ 저고리 줘(「코리조」), 난 떠나겠어.

57

ψεύδομαι

거짓말하다

☞ 도마 위(프슈「도마이」)에서 거짓말하다.

※ pseudo- (거짓의), pseudograph(거짓문서), pseudonym(익명, 필명)

ψεῦδος, ους, τό

(프슈도스)

거짓말

ψεύστης, ου, ὁ

(프슈스태스)

거짓말쟁이

ψευδοπροφήτης, ου, ὁ

(프슈도프로패태스)

거짓 선지자

☞ ψεύδο (거짓) + προφήτης (선지자) = 거짓 선지자

ἀγαλλιάω

기뻐 날뛰다

☞ 아가리(「아갈리」)를 벌리고 아오!(「아오」) 하면서 기뻐 날뛰다.

ἀγορά

시장, 공회소

☞ '아, 골라(「아고라」), 골라, 만 원에 석 장!' 하는 시장

ἄλυσις, εως, ἡ

사슬, 수갑

☞ 한류(「할뤼」)에 빠진 자매들(「시스」; sisters)에게 수갑을 채워라.

ἀναστρέφω

돌아오다; 살다

☞ 아낙(「아나」)이 길에서(「스트레」포; street) 돌아오다.

ἀπιστία

(아피스티아)

불신

☞ ἀ (부정 접두어) + πίστις (믿음) = 불신

ἀρχαῖος, α, ον

옛날의, 고대의

☞ 알카리(「아르카이」오스)성의 옛날 음식

※ archaeology, archeology(고고학)

ἄφρων, ον

어리석은

☞ 앞으론(「아프론」) 어리석은 짓 하지 마

βρῶσις, εως, ἡ

먹는 것, 음식; 녹(rust), 동록

☞ 녹슨 브러시(「브로시」스)로 음식을 휘젓다.

γέμω

채우다, 가득하다

☞ 계모(「게모」)들이 가득하다. ('전국 계모 연합회' 총회)

δάκρυον

눈물

☞ 닦으리(「다크뤼」온), 너의 눈물

δακρύω

울다

☞ 다크서클(「다크」뤼오)이 생기도록 울다.

διαμερίζω

나누다, 분배하다

☞ 자, 이제 나누자. 이 다이아(「디아」)는 메리 줘(「메리조」).

δόλος

궤계, 교활, 변절

☞ 종(「돌로스」; dou/loj 와 비슷하기 때문에)의 변절

δωρεά

선물, 하사품

☞ 돌에(「도레」아) 놓인 선물. 도레하는(「도레아」) 선물 시즌

58

ἐάω

허락하다, 방임하다

☞ 애가(「에」) 아오아오(「아오」) 소리 지르는 것을 허락하다. (아직 애니까 …)

εἴδωλον

형상, 우상

☞ 에이, 더러운(「에이돌론」) 우상

εἴκοσι

이십(20)

☞ 에이, 꽃이(「에이코시」) 20송이밖에 없어. 그녀는 22살인데 …

εἰσάγω

(에이싸고)

데리고 들어가다, 끌어들이다

☞ εἰς (… 안으로) + ἄγω (인도하다) = 데리고 들어가다

ἐκχύννομαι

쏟아내다, 부어 주다

☞ 에크(「에크」), 여왕님(「퀸」; queen)이 노망이(「노마이」) 나셔서 귀한 것을 막 쏟아내신다.

ἔλαιον

올리브 기름

☞ 사자(엘「라이온」)가 좋아하는 올리브 기름

ἐμβλέπω

주목하다, 눈여겨 보다, 생각하다

☞ ἐν (=ἐμ, in) + βλέπω (보다) = 주목하다

　그 팀의 엠블럼(「엠블레」포; emblem)을 눈여겨 보다.

δείκνυμαι

보여주다, 지적하다, 설명하다

☞ 그들이(「데이」; they) 큰 이마(「크뉘마」이)를 보여주었다.

ἐνδείκνυμαι

보여주다, 나타내다

☞ 그리고(「엔」; and) 그들이(「데이」; they) 큰 이마(「크뉘마」이)를 보여주었다.

ἔπαινος

찬양

☞ 애(「에」)가 파이(「파이」노스)를 들고 찬양하다.

ἐπαισχύνομαι

부끄러워하다

☞ 파이(에「파이」)를 먹으며 스키(「스퀴」노마이)를 타다니 부끄럽지도 않니?

ἐπισκέπτομαι

방문하다, 돌아보다, 관심을 두다

☞ 애가(「에」) 비스켓(「피스켑」) 토막(「토마」이)을 들고 방문하다.

ζηλόω

열심히 힘쓰다, 깊은 관심을 가지다, 시기하다

☞ 제일로(「젤로오」) 열심히 힘쓴다.

ζωοποιέω

(조오포이에오)

살게 하다

☞ ζωή (생명) + ποιέω (만들다, …하다) = 살게 하다

θάπτω

장사하다, 묻다

☞ 삽(「쌒」)으로 흙(「토」; 土)을 파서 묻다.

καταβολή

창설, 창건

☞ 이 카타(「카타」)회사는 본래(「볼래」) 내가 창건했다.

κεῖμαι

눕다, 존재하다, 서 있다

☞ 케이오(「케이」마이) 되어 눕다.

κατάκειμαι

(카타케이마이)

눕다, 병으로 눕다, (식사시) 기대다

☞ κατά (밑에) + κεῖμαι (눕다) = 눕다

κατασκευάζω

예비하다, 준비하다

☞ 밑에서(「카타」) 스키(「스큐」아조) 탈 수 있게 준비해 주세요.

κάτω

아래로, 밑에

☞ 가둬(「카토」)! 밑에

καύχημα, ατος, τό

자랑할 것, 자랑의 근거

☞ 암소(「카우」; cow)는 꽤나(「캐마」) 자랑할 것이 많다.

καύχησις, εως, ἡ

자랑, 자랑하기

☞ 암소(「카우」)의 캐쉬(「캐시」스; cash) 자랑

κέρας, ατος, τό

뿔

☞ 뿔로 캐라(「케라」스).

κλάδος

(나무의) 가지

☞ 클라리넷(「클라」도스)이 걸려 있는 나뭇가지

κλῆρος

(던지거나 뽑는) 주사위, 제비; 분깃

☞ 클래식(「클래」)을 들으며 로스(「로스」)구이를 먹으며 주사위를 던지다.

κλῆσις, εως, ἡ

부름, 소명, 초청, 소환

☞ 나는 클래식(「클래시」스) 프로에 초청되었다.

κλητός, ή, όν

부름을 받은

☞ 편지들(클「래토스」; letters)을 통해 부름을 받은

※ καλέω (부르다)의 형용사형

κράβαττος

침대, 요, 매트리스, (가난한 자의) 거적

☞ 크로바(「크라밧」토스)가 그려진 침대

λίμνη

호수, 못

☞ 입내(「림내」)가 나는 사람은 호수에 가서 양치질 해라.

μεταβαίνω

떠나다, 옮겨가다

☞ 택시가 메타(「메타」)를 꺾고 바이바이(「바이」노) 하고 떠나다.

νεανίσκος

청년

☞ 네, 아니요(「네아니」스코스; yes, no)를 분명히 하는 청년

νόσος

병

☞ 남녀노소(「노소」스)를 불문하고 걸리는 병

ὀδούς, όντος, ὁ

이(tooth)

☞ 어두움(「오두」스) 속에서도 보이는 남자의(남성명사) 이

ὁμοθυμαδόν

일제히, 일심으로

☞ 그들은 마돈나(호모쒸「마돈」; 미국 여가수)가 나오자 일제히 열광했다.

ὀνειδίζω

책망하다, 비난하다

☞ '오(「오」), 네 이(「네이」) 놈 뒈져(「디조」)라!'라고 책망하다.

παράγω

지나가다, 사라지다

☞ 파라솔 옆으로 악어가(「파라고」) 지나가다.

60

παραλυτικός

중풍병자

☞ 파라솔(「파라」) 밑에 누워 있는 유두고(「뤼티코」스)는 중풍병자이다.

παρεμβολή

진, 군대, 아성

☞ 바램(「파렘」)이 있다면 본래(「볼래」) 몸이 약한 내 아들이 군대에서 잘

...

περισσοτέρως

더욱 많이; 특별히

☞ 파리(「페리스」; Paris)에서는 테러가(소「테로스」) 더욱 많이 일어난다.

πηγή

샘, 우물

☞ 베개(「패개」)를 우물 속에 던지다.

πληθύνω

왕성하다, 번성하다, 번지다

☞ 플래시(「플래쒸」노; flash) 표면에 곰팡이가 번지다.

πρᾶγμα, ατος, τό

행위, 사건, 일

☞ 프라그(「프라그」마; dental plaque)를 제거하는 일

πρότερος, α, ον

먼저의, (부사) 전에

☞ 프로(「프로」) 선수들에 대한 테러(「테로」스)는 전에 발생한 일이다.

πυνθάνομαι

물어보다, 탐문하다

☞ 분사(「퓐싸」노마이)가 뭐냐고 물어보다.

σπουδάζω

서둘러 … 하다, 부지런히 … 하다

☞ 스프 다 줘(「스푸다조」), 서둘러 먹어 버려야겠어.

σφόδρα

심히, 굉장히

☞ 그거 수포더라(「스포드라」; 水疱). 굉장히 아프겠어.

σχίζω

나누다, 찢다, 쪼개다

☞ 스키 줘(「스키조」), 쪼개 버리겠어.

τελευτάω

죽다, (생명의) 끝이 오다

☞ 텔리비전(「텔류」)이 타서(「타」오) 수명이 끝났다.

τρίς

세 번

☞ 나무들(「트리스」; trees)을 세 번 치다.

영어 thrice(세 번)와 너무 비슷하지 않습니까?

ὑπαντάω

만나다, 만나러 가다

☞ 휘(「휘」)파람을 불며 판다(「판타」오) 곰을 만나러 가다.

ὕστερον

후에, 뒤에

☞ 휘슬(「휘스」테론)을 분 후에

φυτεύω

심다

☞ 휘트(「퓌튜」오; wheat, 밀)를 심다.

χίλιοι, αι, α
(킬리오이)

일천(1,000)

☞ 킬로(kilo)의 어원

χιτών, ῶνος, ὁ

속옷

☞ 기드온(「키톤」)의 속옷

χράομαι

쓰다, 사용하다, 이용하다

☞ 크라운(「크라오」마이) 제품을 이용하다.

ᾅδης

지옥

☞ 하대(「하데」스; 下待) 받는 지옥

ἀνατολή

동방, 동쪽, 새벽

☞ 아, 놔둘래(「아나톨래」), 동쪽이 좋아. (화분을 남쪽으로 옮기라고 했더니)

ἀναφέρω

(아나페로)

들어올리다, 바치다

☞ ἀνά (위쪽으로) + φέρω (나르다) = 들어올리다

ἀπολογέομαι

자신을 변명하다

☞ 아폴로(「아폴로」)에서 토한(「게오」마이) 것에 대해 자신을 변명하다.

ἀπολύτρωσις, εως, ἡ

구속(救贖), 해방, 풀어줌

☞ 아폴로(「아폴뤼」)에 구금되었던 도로시(「트로시」스) 양을 풀어주었
다.

ἀφαιρέω

가져가 버리다, 데려가다, 없이 하다

☞ 아빠(「아파」)! 나 지금 열이 이래요(「이레오」). 그러니 병원에 데려다
줘요. (체온 38도)

ἀφορίζω

분리하다, 따로 떼내다

☞ 아, 보리 줘(「아포리조」), 쌀하고 분리해 놓아야 해.

βίος

생명

☞ 비오(「비오」스)는 것을 좋아하는 생물

※ bio- (생명의, 생물의), biology(생물학), biotechnology(생물공학)

διατρίβω

유하다, 체류하다, 머물다

☞ 다이아(「디아」)를 가지고 나무(「트리」보) 밑에 머물다.

διωγμός

핍박, 박해

☞ 오금을 못 쓰게(디「오그모스」) 하는 박해

ἐκκόπτω

잘라 버리다, 끊어 버리다

☞ 에크(「에크」), 겁도(「콥토」) 없이 잘라 버리네?

ἐκπίπτω

(에크핍토)

떨어져 나가다

☞ ἐκ (밖으로) + πίπτω (떨어지다) = 떨어져 나가다

ἐμφανίζω

나타내다, 보이게 하다

☞ 엠프 안이(「엠파니」조) 보이게 하다.

ἔνατος, η, ον

아홉째

☞ 애 낳도록(「에나토」스) 도와준 구(9)급대

ἔνοχος, ον

복종하는, … 을 받을 만한, 죄있는

☞ 에녹(「에노」코스)은 복종하는 자였다.

ἐπειδή

… 때, 왜냐하면

☞ 애(「에」)가 페이(「페이」; pay) 받을 때(「대」) 전화해, 왜냐하면 그 때가
돈이 제일 많으니까.

ἐπιδίδωμι

(에피디도미)

… 에게 주다

☞ ἐπί (… 에게) + δίδωμι (주다) = … 에게 주다

ἐπιτάσσω

명령하다

☞ 용돈을 애비(「에피」)에게 타쓰라고(「타쏘」) 명령하다.

θλίβω

밀다, 몰려들다; 압박하다

☞ 슬리퍼(「쓸리보」)로 밀다.

κοσμέω

꾸미다, 정비하다

☞ 코스(「코스」)를 메워(「메오」) 꽃으로 꾸미다.

※ cosmetics(화장품)

μακράν

… 에서 먼, … 서 멀리

☞ 먼 곳에서 막으란(「마크란」) 말이다.

μακροθυμέω

참다, 견디다

☞ 마크가(「마크」로) 심해요(「쒸메오」). 그래도 참고 견뎌야죠.

μέλει

… 은 … 의 관심거리다. … 에게 … 이 관심거리다

☞ 말레이지아(「멜레이」)는 우리의 관심거리이다.

νομικός, ή, όν

율법에 관한; (명사) 율법 전문가, 법관

☞ 놈이 컸으니(「노미코스」) 율법에 관한 것을 알아야 한다.

ξενίζω

(외인을) 유숙시키다; 이상히 여기다, 당황하다

☞ 그 새(「크세」) 니가(「니」죠) 다른 사람들을 숙박시켰니? 이건 너무 당황스러운 걸?

οἰκονόμος

(오이코노모스)

청지기, 집사

☞ οἶκος (집) + νόμος (법) = 집을 다스리는 자, 청지기

ὄντως

진실로

☞ 온도(「온토」스)가 진실로 … 도이다.

ὅρκος

맹세, 서약

☞ 골프장의 전(「호르」; whole) 코스(「코스」)를 다 돌겠다는 맹세

πατάσσω

때리다

☞ 바다소(「파타쏘」)를 때리다.

πενθέω

애통하다, 울다

☞ 펜스에(「펜쎄」오; fence, 울타리) 기대어 울다.

περιστερά

비둘기

☞ 페리(「페리」)호에서 스텔라(「스테라」) 자동차로 비둘기를 날려 보내
다.

πλάνη

방황, 잘못, 미혹

☞ 불안해(「플라내」), 내가 뭔가 잘못한 것 같아.

πλατεῖα

길, 넓은 길

☞ 플라타너스(「플라테」이아)가 심겨져 있는 넓은 길

πλεονεξία

탐심, 탐욕

☞ 어, 감옥에서 풀려오네(「플레오넥」시아), 저 탐심 많은 인간이.

ποικίλος, η, ον

각색의, 여러가지

☞ 포(「포」)를 이 길로(「이킬로」스) 끌고 오려면 여러가지 장비가 필요하다.

προέρχομαι

(프로에르코마이)

앞에 가다, 앞서다

☞ πρό (앞에) + ἔρχομαι (가다) = 앞에 가다

προσκαρτερέω

계속하다, 꾸준히 … 하다

☞ 프로 선수들(「프로스」)이 카르텔(「카르테레」오; cartel, 기업연합) 활동을 계속해서 하다.

πύλη

문, 마루

☞ 문제지를 마루에서 풀래(「퓔래」). (더우니까)

σέβομαι

경외하다, 경배하다

☞ 새 봄아(「세보마」이), 너도 하나님께 경배하라.

σιωπάω

잠잠하다, 조용하다

☞ 새 소파(「시오파」오)는 조용하다. (스프링 잡음이 없음)

γένεσις, εως, ἡ

태생, 족보, 가계도

☞ 걔네(「게네」) 자매(「시스」; sister)의 족보

συγγενής, ές

친척의, (남성명사) 친척

☞ σύν (함께) + γένεσις (족보, 가계) = 같은 가계에 속한 자, 즉 친척
  숨겨 놓은(「성게내」스) 친척

σύνδουλος

(쉰둘로스)

동료 노예, 동료 종

☞ σύν (함께) + δοῦλος (종) = 동료 노예

συνζητέω

토의하다, 변론하다

☞ σύν (함께) + ζητέω (찾다) = (함께 해결책을 찾다) 토의하다

함께(「쉰」) 저 애(「재」)를 태울(「테오」)지에 대해 토의하다.

σφάζω

살해하다

☞ 스파이(「스파」) 조(「조」; Joe, 인명)를 살해하다.

τάσσω

작정하다, 정하다

☞ 나 월급 탔어(「타쏘」). 뭐 주문할지 정해.

ταχέως

빨리

☞ 다 깨웠어(「타케오스」)? 빨리 깨워!

ὑπόδημα, ατος, τό

신, 신발

☞ 포대(휘「포대」마) 속에 있는 신발

φείδομαι

아끼다

☞ 이 도마(페「이도마」이)를 아끼다.

χρηστότης, ητος, ἡ

착함, 친절, 부드러움

☞ 그리스도(「크래스토」)께서 테스(「태스」)에게 베푸신 친절

χωρίον

장소, 밭, 들

☞ 오리온(「코리온」) 회사가 있는 장소